GROOSCORS: LA HISTÓRICA AVENTURA DE UN APELLIDO TRASPLANTADO

De la Europa Medieval a la América Contemporánea

Julio Segundo Grooscors

A MANERA DE PRÓLOGO

Isabel

El amor mueve mucho más a los hombres que lo que podría lograr su voluntad. En la mañana valenciana, calurosa, Julio Grooscors Campo no sabía bien lo que tenía que hacer, aquel 28 de septiembre de 1922. Acariciaba la montura de Acero, su caballo, alazano mestizo tresañero, por el que había pagado lo que valía. Le hablaba. Le decía, con cariño, lo que pensaba de su adorada Isabel Teresa, su muchachita. El inquieto equino parecía escucharle y entenderle. Golpeaba con sus herraduras los ladrillos del piso y resoplaba. Al fin de toda la curiosa intimidad, hombre y caballo inquietos, Julio terminó montándolo, ajustando bien sus polainas y probando las riendas que sometían el ímpetu del animal.

—¡Vamos, Acero! ¡Vamos por la muchachita! —expresiones que en la fuerte voz del joven empresario, parecieron cautivar la mañana y allanar las sombras que escondían las dudas. Las puertas del corral estaban abiertas y Julio tan sólo tuvo que voltear la cabeza de Acero y colocar sus ojos, apuntando a la calle.

Canturriaba, canturriaba; le venían a la memoria las letras completas de estrofas imponentes de zarzuelas castizas. Y canciones amorosas que solía cantar, sin que nadie las oyera.

—"Por ti yo sería capaz de matar; por ti contaría las arenas del mar" ....

Mientras cabalgaba hacia arriba, hacia la calle de la iglesia de La Pastora, en Valencia, agradecía el viento fresco que venía, quizás, del Puerto, tomando su carácter de perfume citadino, desde las colinas de Bárbula. Julio daba palmadas al potro en su cuello alargado, pero no lo conminaba a trotar ligero. Poco a poco, mientras vencían la cuesta, entraba cada vez más en intimidad con el animal. Era su compañero en aquel momento. El único que parecía comprender su propósito y el único que le había oído decir: "mi muchachita; mi muchachita, Isabel Teresa".

Isabel Teresa Caballero Uzcátegui era una preciosa valenciana de veinte años, hija del Doctor Francisco Caballero, "Don Panchito", Procurador del Estado Carabobo y de Doña Emilia Uzcátegui de Caballero, venida ella de los fríos páramos de Mérida, ambos personajes cono-

cidos por la sociedad de la muy conservadora Valencia del Rey, en los años de la narración. Isabel Teresa tenía, como hermanos, frutos descendientes de sus mismos padres, a Francisco Esteban, diestro violinista, quien desde muy joven, hizo íntima amistad con Antonio Ríos Reina, personaje que se hizo famoso en el futuro porvenir de la música venezolana. Asimismo, a Luisa, Josefina, Carmen Emilia y Antonio Julio, todos casi de su misma edad y de similares costumbres.

—Isabel, Isabel, Isabel...—, el murmullo del Julio enamorado se iba encontrando lentamente con la flema alemana, incandescente, de un Grooscors tropicalizado, ahora trémulo de emoción, corazón palpitante y fuerza, mucha fuerza en los puños, para castigar, también con amor, al pequeño corcel que cabalgaba, rumbo a La Pastora de Valencia.

Julio Grooscors Campo era hijo de Don Julio Grooscors Páez, administrador del Ferrocarril Alemán, vía de transportación útil de las mercancías que bajaban de los barcos arribados a Puerto Cabello, con destino a Valencia o Caracas y de Doña Josefa Campo de Grooscors, también valenciana, pero de quien se especulaba que era descendiente de un colombiano mártir, prócer de la independencia, abatido en uno de los encuentros sangrientos de la dura guerra, de más diez años, entre la nueva República y la España imperial.

Grooscors recién llegaba de un viaje de negocios a Europa. Había embarcado en mayo, en la motonave "Haití", de la Gran Compañía Trasatlántica francesa y había logrado, para Anzola y Compañía, empresa a la que prestaba servicios, la representación de muchas de las más importantes casas exportadoras de España, Francia y Alemania, lo que lo colocaba en una situación gerencial de privilegio, con un gran futuro en el mundo del comercio. Pero ese viaje — ¡bendito sea Dios!— lo había alejado, en cuanto a presencia física, de su adorada Isabel Teresa, quien, a su vez, no terminaba de comprender la necesidad y los beneficios aportados para su amado, de aquella tan larga, prolongada, casi eterna ausencia de tres inmensos meses, condenada simplemente a leer las inflamadas cartas de su novio, todas reiterando su amor, pero escritas en quien sabe qué escondrijos del mundo europeo, tan lleno de tentaciones, según prescribía su celosa ingenuidad.

Septiembre de 1922. Venezuela vivía como amarrada al siglo anterior. Valencia ni siquiera contaba con cincuenta mil habitantes que la poblaran, como tercera o cuarta ciudad importante del país. Afuera, los tiempos vivían un mundo distinto. Pocos años atrás, se habían estremecido con una guerra mundial. La primera. Los innovadores habían satisfecho innumerables necesidades sentidas. Los hechos históricos habían obligado a todos a organizarse según patrones de conducta diferentes, a modo de acabar con la injusticia y la desigualdad. En la segunda década del siglo, en el occidente de Venezuela, había brotado petróleo y grandes consorcios financieros e industriales miraban, con codicia, las oportunidades que les ofrecía nuestro territorio. Pero los venezolanos lo ignoraban. Un gobierno sobrevenido de guerreros salvajes controlaba, criminalmente, a todos y a todo lo que había

en el país. Julio Grooscors lo sabía y hablaba, con ami-
gos, sobre su reciente experiencia europea. En su interior,
a nada aspiraba tanto como a reorientar las mentes de
sus compatriotas y aprestarse para dar el gran salto y
transformar a Venezuela en un país desarrollado. Similar
a Francia. Más o menos como España. Parecido a Ingla-
terra, "la pérfida Albión". A una Alemania con alemanes
buenos. Una Alemania llena de Grooscors. El apellido era
alemán. Por sus venas corría sangre alemana. Los alema-
nes no podrían seguir siendo totalitarios, fatales, ni pro-
piciadores de guerras nuevas. Por lo menos, los Grooscors,
no.

Pero Acero iba siempre hacia adelante, trotando corto
y apacible, como quien buscara yerba, buena, en su en-
torno. Julio lo dejaba ir, siempre pensando en cómo po-
dría decir a su querida Isabel Teresa, su muchachita, todo
lo que la quería.

—Acero, voy a casarme con ella; voy a tener muchos
hijos y voy a viajar por el mundo con ella…. la voy a hacer
muy feliz y estoy seguro de que ella me va a querer mucho,
pero mucho, Acero, como quien quiere a un Dios…—

Amor elocuente. Pasión. Una mente y un cuerpo mo-
vidos por una ambición incontenible. Isabel Teresa era
más importante para él, que el mismo país. Pensaba en
todo; pero su sentimiento y su deseo de tenerla cerca, muy
cerca, como formando parte de una sola estructura hu-
mana, era mucho más fuerte que cualquier otra preten-
sión.

De repente, Julio aplastó las polainas sobre el vientre de Acero:

—¡Vamos, vamos, Acero...vamos—

Casi llegaban a su destino y los colores de las casas lo denunciaban. El sol, radiante, las hacía más visibles. Allí, allí estaba la casa de los Caballero y sin ninguna duda, Isabel Teresa, su muchachita, lo esperaba adentro.

Llegaron al portal. La puerta grande, la que daba a la calle, partida en dos hojas inmensas, retenidas en el piso por dos bellas caracolas, las que seguramente olían todavía a mar. Detuvo al caballo justamente en el frente, mirando el ante-portón, que hacía como una mariposa, llena de vidrios de colores relucientes y que podía moverse, hacia adentro o hacia afuera, como bailando, según la dirección de un pequeño empuje que se le diera. Julio era preso de su propia emoción y no quiso deshacerse de su cabalgadura. Quedó sobre Acero y lo conminó a recorrer los cincos metros del pasillo que separaba la puerta grande del acceso natural a la casa. Eran como las diez de la mañana y por informaciones de terceros, Julio Grooscors sabía que, adentro, en sus oficios habituales, estarían, con Isabel, Doña Emilia y Don Panchito, su madre y su padre.

Acero voló sobre los cinco metros del pasillo y con su propio bozal y su cabeza, abatió el ante-portón, ruidosamente y, ambos, hombre y caballo, entraron a un recibidor antiguo, próximo a una variada concentración de materos y porrones, con ágiles ramas verdes y flores recién brotadas en su estación. Nuevamente, frenó, poderosamente, a Acero.

—¡Buenos días, Doña Emilia! ¡Buenos días, Don Panchito! —una voz firme que obligaba a los presentes, a mirar, expectantes, la curiosa figura del recién llegado, quien, lentamente, comenzó a bajarse de su montura y sostener por las bridas a su joven y nervioso caballo.

—Buenos días... ustedes saben lo que siento y les ruego me disculpen por esta llegada sin aviso— ......claro, convincente, resuelto y decidido. No había más nada que decir.

—Buenos días, Julio Grooscors —alcanzó a decir el Doctor Francisco Caballero, retirando de su cara los lentes de lectura y dejando sobre una silla próxima un legajo de documentos que revisaba.

—Bueno días, Julio —dijo Doña Emilia Uzcátegui de Caballero, probablemente reteniendo con esfuerzo una sonrisa que denunciaría su parcialidad.

En el entretanto, como una luz proveniente de una profunda obscuridad, bajo el dintel de su cuarto, apareció, muy sorprendida, Isabel Teresa Caballero Uzcátegui, objetivo central de aquella voluptuosa y precipitada escaramuza, poco social.

— ¡Vengo a pedirles formalmente la mano de Isabel, porque no puedo vivir más sin saberla mi prometida! ¡Vengo ganado por la mano de Dios, a cumplir un deber de conciencia y un mandato de mi corazón! —concluyó Julio *su presencia en la escena familiar.*

La historia de los nuevos Grooscors se decidió, de inmediato. Lo demás sería escrito sin comillas, por los acontecimientos consecuentes a aquella inédita aparición. Aquel encuentro singular. Aquella petición sin negativa. Aquella voluntad, hermosa, construida por el amor.

Rafael Grooscors Caballero

CAPÍTULO I:

*Cuando Occidente
comienza a florecer*

—¡Arriba! ¡Arriba! ¡Sursum pocula! ¡Levantemos nuestros vasos y copas! ¡Que la blanca espuma de esta cerveza se derrame sobre la mesa! ¡Gaudeamus! ¡Vivat! ¡Brüder!

—¿Qué te pasa, gordo, gross? ¿Por qué gritas así? ¿A

qué se debe tanta euforia?

—¿Es que no lo sabéis? —replicó el gritón— ¿Es que no os has dado cuenta del gran acontecimiento, del hecho histórico que ha empezado a desarrollarse ante nuestras propias narices?

Quien así hablaba, gritaba y gesticulaba era un joven rubicundo, de nombre Heinrich, conocido entre sus amigos como "el gordo del cordón o **Cordt**", vecino de un pequeño barrio de Aachen, donde moraban ahora los descendientes de la antigua colonia judía establecida en la ciudad desde los tiempos del emperador romano Adriano, en el siglo II de nuestra era. Desde entonces, la comunidad abrigaba gente muy diversa, proveniente de otra vieja colonia romana, la denominada Judea, dispersada por el occidente europeo tras la destrucción del Templo de Jerusalén en el año 70: fariseos, saduceos y hasta esenios se mezclaban con escépticos helenizados y seguidores de Jesús. Al comienzo, había allí una pequeña Sinagoga, pero había también casas donde se reunían los que ya desde entonces se identificaban como cristianos. Unos y otros daban muestras de un gran espíritu religioso, un extraordinario apego a las creencias ancestrales y a los ritos litúrgicos, tal vez herencia del pasado celta y del improntus germánico, lo que no les impedía disfrutar de la vida, reir y cantar, como lo hacía ahora este grupo de jóvenes en la Taberna del Buey, *"dar Bos"*, como rezaba la tablilla que identificaba el bullicioso local. Ahora, ya en ese barrio había una Iglesia Cristiana, sufragánea de la capitular en la ciudad, y cerca había algún monasterio, testimonios vivos de la expansión que había experimentado el cristianismo desde la época merovingia.

—Cuéntanos, *igitur,* lo de ese gran suceso que dices.

Sosegado, tras tomar un buen trago de aquella excelente cerveza, proveniente del monasterio benedictino de Beuern, al sur del Danubio, en el corazón de Bavaria, **Cordt** explicó:

—Se trata, amigos, de que me acabo de enterar de que el pasado mes de diciembre, el Día de la Natividad del Señor, nuestro Rey Carlos, *Carolus*, hallándose a la sazón en Roma, a donde había acudido para prestar juramento de fidelidad al nuevo papa, León III, en su calidad de rey, tanto de los francos como de los longobardos, recibió la sorpresa de su vida, cuando el dignatario cristiano coloca sobre su cabeza una corona de oro y le proclama Emperador.

—¿Emperador?

—Sí, Emperador "por la gracia de Dios", no sólo por los méritos de su espada, sino también por la unción del representante de Cristo en la tierra.

—Pero ¿Emperador de qué? ¿De cuál Imperio se le estaba coronando a nuestro Carlos?, preguntaron ansiosos los asombrados celebrantes de aquella reunión tabernera.

—¡Imagínense! —les respondió el mozalbete—. Nada más y nada menos que del Imperio Romano, ese Imperio desaparecido hace siglos, derrumbado por sus propias debilidades y contradicciones, reemplazado por administraciones indefinidas, inconexas, sin orden ni concierto, realmente bárbaras, como les han llamado.

Todos querían saber más, estaban ansiosos por conocer detalles de aquellos sucesos sobre los que hablaba el joven, pero, más aún sobre la significación y trascendencia de tal suceso, pues estaban ciertamente contagiados del entusiasmo y la atmósfera de cambios que había despertado el rey Carlos, que ya comenzaba a conocerse como **Carlomagno** por la franca superioridad de que daba muestras.

Cordt, pues, se aprestó a transmitirles a sus amigos las informaciones que decía había recogido en las cercanías de Palacio, de soldados y funcionarios que habían acompañado al Rey en su reciente viaje y comentaban alborozados los acontecimientos.

—La historia es así, según lo que me contaron mis amigos de Palacio: En el otoño del pasado año, nuestro Rey, acompañado de un numeroso séquito, emprendió un largo viaje hacia Roma, donde reside el Papa, que es el jefe de la Iglesia Católica, a la que pertenecemos por ser fieles de la religión cristiana, pero de la que, además, nuestro Rey es aliado y protector desde los tiempos del rey Pipino, su padre. No se trataba de un simple viaje de cortesía o una peregrinación religiosa. El viaje, en realidad, tenía como propósito examinar la difícil y confusa situación imperante allí desde hacía unos cinco años, cuando fue electo Papa León III tras la muerte de Adriano I. Al parecer, un grupo de familiares de este último, que pertenecían a la aristocracia romana, se habían rebelado contra el nuevo Papa, por ser de origen humilde, le habían agredido y encerrado en un convento, de donde logró escaparse y obtuvo la protección de Carlomagno, quien ordenó que un pelotón de nuestros soldados le acompañara de nuevo a Roma y le repusieran en su Sede.

Es así como, el 25 de diciembre del 800, como les dije, se presentó el rey Carlomagno en la Basílica de San Pedro y se arrodilló ante el papa León III, en gesto de humilde y fervorosa fidelidad, a lo que correspondió el Papa colocando sobre su cabeza una corona de oro y proclamándolo Emperador. El pueblo congregado en la Basílica, dicen, prorrumpió en aclamaciones:

—¡Larga vida y victoria al piadosísimo Carlos! ¡Augusto coronado por Dios, grande y pacífico Emperador!

—¡Tú eres el nuevo David! — agregó el Papa, según las noticias, que cuentan que el dignatario eclesiástico se arrodilló ante el Rey en gesto de adoración.

La juvenil celebración continuó por varias horas. El interés por las narraciones históricas fue sustituido por los temas más diversos, la conversación cedió el campo a la música y al canto, hasta que, ya cansados, los jóvenes se retiraron y, desocupado el local, el tabernero puso candado a su pesada puerta.

Dos días después, el joven Heirinch, o Cordt, se hizo presente en la Escuela Palatina, en Aquisgrán, en las inmediaciones del Palacio de Carlomagno, donde hacía poco había comenzado a asistir al *Trivium*, el ciclo inicial de estudios diseñados por *Alcuino*, maestro de la Escuela Episcopal de York, en Inglaterra, a quien el rey había conocido en Italia e incorporó a su corte en el 782. Este ciclo de estudios se dividía en tres ramas, lo que explica su denominación: la gramática, que era una iniciación al latín, incluyendo lectura y comentarios de los más diversos autores clásicos romanos y griegos, traducidos éstos; la retórica, que era el arte de la composición y redacción; y la dialéctica, arte del razonamiento o lógica. El segundo ciclo, según el plan de Alcuino, al que se accedía una vez aprobado el primero, era denominado *Quadrivium*, es decir "cuatro saberes": aritmética, música, astronomía y "geometría", entendiendo por ésta el conocimiento del mundo y la naturaleza.

El plantel de la Escuela Palatina incluía, además de Alcuino, quien fungía como asesor principal, al Maestro Eginardo, traído de las Galias, a Pedro de Pisa, Paulino de Aguilera y Pablo Diácono, venidos de la corte lombarda, y al teólogo Teodulfo, procedente de la Hispania visigoda.

Aquel día los escolares, impulsados por Cordt, quisieron saber algo más sobre el tema al que se había hecho alusión en la tenida tabernera de la noche reciente. Reunidos en el aula, pidieron al Maestro Eginardo, a quien se consideraba el mejor conocedor de la disciplina histórica y se le tenía como el auténtico preceptor de Carlomagno, que les explicara en detalle aquel cambio extraordinario de Reino a Imperio de que se hablaba.

—Pues sí, mis queridos estudiantes —comenzó diciéndoles el Maestro—, ese 25 de diciembre ocurrió en Roma un hecho verdaderamente extraordinario, del que yo fui testigo. Como los romanos habían infligido muchos daños al pontífice León, pues le habían arrancado los ojos y cortado la lengua, éste se había visto obligado a implorar la protección del rey. Yendo a Roma por ese motivo, para restablecer la situación de la Iglesia, que estaba demasiado alterada, pasó todo el invierno allí. Entonces fue cuando recibió el título de Emperador y de Augusto; en un principio mostraba ante esto una actitud tan hostil que afirmaba que no habría entrado en la iglesia aquel día, aunque era una gran festividad, si hubiera podido saber de antemano la decisión del pontífice. Pero soportó con gran paciencia la envidia de los nobles romanos que estaban indignados por el título que había asumido y venció la resistencia de éstos gracias a su magnanimidad, por la que sin duda alguna era superior a ellos, enviándoles numerosos embajadores y llamándolos "hermanos" en las cartas. Ese día, en la conmemoración de la Natividad de Nuestro Señor Jesucristo, nació el Sacro Imperio Romano. *Sacro* por sagrado, no sólo por la acción del vicario de Cristo, sino especialmente por la expresión del pueblo, que se supone es la voz de Dios;

Imperio por fuerte, poderoso, dominante; *Romano* por el lugar donde se conjugan historia política y tradición religiosa.

Pero la sede del nuevo Imperio, se los aseguro, no será Roma, sino Aachen, o Aquisgrán, como preferimos llamarla, siguiendo la tradición latina, *Aquis Grani.* Desde aquí se expandirá por todo Occidente, por toda Europa, como no lo pudieron hacer en su momento los romanos, porque ahora forman parte esencial de ese Imperio todos nuestros pueblos.

Eginardo continuó explicándoles a los jóvenes lo que a su juicio sería el significado y proyección del histórico suceso. El propósito de Carlomagno era, aseguró, el restablecimiento del Imperio mediante el desarrollo de sus atributos fundamentales: 1) la autoridad, el dominio absoluto, concentrado en él y en la sede de su poder; 2) la expansión, la dominación, el señorío sobre todos los demás pueblos a su alrededor; 3) la superioridad espiritual sobre la base de una religión única y de un franco crecimiento del arte y la cultura.

Estábamos asistiendo, realmente, al florecimiento, al punto primaveral de ese Occidente del mundo que era aquel inmenso valle en cuyo centro estaba Aquisgrán.

Todo había comenzado —siguió explicando el Maestro Eginardo— con el abuelo de Carlomagno, *Carlos,* conocido como *Martell, El Martillo,* quien siendo Mayordomo de Palacio en la época de la dinastía Merovingia se reveló como el verdadero detentador del poder frente a unos reyes indolentes, a quienes el pueblo franco llamaba *"los holgazanes"*. Martell asumió el mando del ejército franco y derrotó a los alamanes, a los suevos y a otros grupos opuestos y, más significativamente, a los árabes, que ocupaban la península ibérica, en la batalla de Poitiers, en 733, asegurando así las fronteras de las Galias en los Pirineos. El hijo de Carlos Martell, *Pipino*, a quien llamaban *El Breve* por su corta estatura, heredó el cargo de Mayordomo a la muerte de su padre, pero amplió aún más su importancia política: por una parte, continuó las acciones militares para consolidar el dominio franco en la región, pero decidido a sincerar la situación, en connivencia con los romanos dio un verdadero Golpe de Estado a los holgazanes gobernantes, proclamándose Rey de los francos, con el apoyo de la Iglesia Católica e iniciando una nueva dinastía, que se denominó *Carolingia* en honor a su padre.

Y así sigue el relato:

Carlomagno, hijo de Pipino el Breve y nieto de Carlos el Martillo, heredó el reino franco y amplió significativamente las ambiciones de ambos. Ahora no sólo era rey de los francos sino Emperador de una institución política que parecía superar no sólo a aquellos reinos construidos por sus ancestros, sino a los mismos casos históricos que pretendía emular.

La concentración en sus manos no sólo del poder político, sino también el religioso, convirtiendo al

Papa, en la práctica, en súbdito suyo, y el inicio de una decidida empresa cultural en su sede imperial, fueron los dos grandes instrumentos de su acción.

Aquisgrán pasaría de ser el centro de reposo y recuperación, gracias a sus aguas termales, que era desde la época romana, a núcleo político, espiritual y cultural del nuevo mundo, a desarrollarse a partir del Imperio proyectado por Carlomagno.

Es así como, además de la Escuela Palatina referida, Carlomagno inicia la construcción de una Capilla Imperial, que debía convertirse en centro religioso y político de la cristiandad. Una vez más recurre para este propósito a la colaboración del Maestro Eginardo. Es éste quien diseña el cuerpo central de aquella capilla, destinada a convertirse en auténtica y original catedral del Imperio, desarrollado como un imponente prisma octogonal, tomando como modelo la iglesia de San Vitale en Ravenna, mandada a construir en el 547 por el emperador Justiniano. La construcción se inicia en el 794 y se concluye en el 800, precisamente en el año de la coronación "sorpresiva" de Carlomagno. La mentalidad matemática de Eginardo explicaba que la obra estaba basada en un sistema de medidas en el cual "el diámetro del octógono corresponde a la mitad de la longitud de dicho octógono y del deambulatorio hexadecágono", todo ello coronado con un tejado que simulaba una "tienda de campaña". Una puerta de bronce, conocida como "puerta del lobo", cerraba la pétrea estructura. La figura del lobo representaba al diablo, que se quedaba afuera, según la leyenda de la época. En contraste, se construyó en el centro del atrio una fuente de purificación, en la que una piña de bronce servía de "grifo". Ocho poderosas columnas de pórfido, mármol y granito, que Carlomagno hizo llevar desde Roma y Ravenna, sostienen el interior del octógono. Convenientemente ubicado, luce un trono imperial, al que se accede mediante seis escalones, tal como lo había en el Templo de Jerusalén construido por Salomón.

La Escuela y la Capilla fueron, así, los dos grandes instrumentos concebidos por Carlomagno para asentar su poder e irradiar su dominio.

A ambos ejes accedían con frecuencia aquellos alegres jóvenes de Aquisgrán, para alimentar su espíritu y fortalecer su ánimo.

La Cultura y la Religión, simbolizadas, en la Escuela y la Capilla, fueron, también, las dos alas que impulsaron el desarrollo de ese primer Sacro Imperio Romano creado por Carlomagno al inicio del siglo IX, dando un giro decisivo a la historia universal.

Sobre esas dos bases, Carlomagno construyó todo un sistema político y social que giraba en torno a su figura, que era el centro indiscutido a cuyo dominio se sometían las autoridades tanto políticas como religiosas, vale decir, duques y obispos y, a partir de ellos, todos los componentes de la sociedad, desde los burócratas cortesanos y el clero en sus diversas vertientes, hasta los campesinos y habitantes de las ciudades.

—Pero, todo eso empezó desde antes de ser coronado Emperador, creo —dijo Heinrich, interrumpiendo la exposición del Maestro.

—Sí, en parte —repuso Eginardo.

—¿Cómo así? —preguntó entonces el joven, requiriendo mayor explicación.

—El hacer de la Religión parte esencial de la Política, ciertamente, fue una característica de lo que podríamos llamar "el sistema carolingio" desde su comienzo, con Carlos Martel y con Pipino, el padre de Carlomagno. Pero no la preocupación por la Cultura, que es un aporte indiscutible de nuestro Carolus, fruto de su propia personalidad.

Eginardo recordó entonces cómo Carlos Martel había basado su acción política y militar en el combate a los mahometanos, que ya ocupaban la península ibérica y amenazaban al reino franco de las Galias; y cómo Pipino no sólo consolidó esa política, sino que también combatió, en la península itálica, a los longobardos que amenazaban al Papa y a los territorios pontificios. Ambos, así, fueron bastiones de la Religión Católica y cabezas de la expansión del cristianismo en el occidente europeo.

—Entiendo, entiendo —dijo el mozo del cordel—. Y eso es lo que ha seguido haciendo nuestro Rey, combatiendo por la Religión, asegurando la presencia del cristianismo en el mundo. Bajo su dirección, ahora ya el catolicismo es la religión de las regiones del norte, donde los sajones y los frisios habían querido imponer el arrianismo.

—Ah, del arrianismo habláis —interrumpió un monje que en ese momento se había asomado a la puerta del aula.

—Sí, lo acaba de mencionar el joven Heinrich, a propósito de los frisios y sajones y su sometimiento gracias a la acción guerrera de nuestro Carlos —dijo el Maestro Eginardo.

—Pues bien, si me permiten, les diré algunas palabras, para precisar la cuestión, evocando el recuerdo de lo que me enseñó nuestro venerable Alcuino, el fundador de esta Escuela, que ahora se halla en el Monasterio de San Martín de Tour, en la Galia, donde se desempeña como Abad por designación de nuestro señor Carlomagno. Deben entender, en primer lugar, que el *arrianismo* fue una falsa doctrina introducida en el cristianismo en el siglo III, por un sacerdote libio llamado *Arrio*, actuante en la Iglesia de Alejandría, en Egipto, que negaba que Jesucristo fuese Hijo de Dios, oponiéndose así al dogma de la Santísima Trinidad y, en consecuencia, fue condenada como herejía en el Concilio celebrado en Nicea, bajo la jurisdicción de Constantinopla, en el año 325. Por siglos se creía que ya esa herejía estaba erradicada tanto en Oriente como en Occidente. Sin embargo, por obra de la predicación de algunos monjes orientales, la falsa doctrina fue penetrando entre las tribus y pueblos del este de Europa, los godos, los germanos, los longobardos, los francos, toda esa gente que iba entonces desplazándose hacia el oeste, hacia este centro de Europa donde vivimos. Persuadidos por esa prédica, todos fueron cambiando sus originales creencias y convirtiéndose al cristianismo en la versión arriana. Constantes misiones de monjes de diversa procedencia, amparados por los nuevos poderes políticos, fueron, a la vez, convirtiendo a esos pueblos al catolicismo, rescatándolos del error y encaminándolos por la vía correcta, listos para enfrentar las nuevas y auténticas amenazas representadas por el avance de esa nueva religión que es el islamismo.

—Claro, aquí es donde entran nuestros dirigentes y reyes, comenzando con el abuelo y el padre de nuestro amado rey Carlos, ahora Emperador —dijo alguien, interrumpiendo audazmente al monje.

—Sí, efectivamente, nuestra gente, el pueblo franco, convertido en buena hora al cristianismo —repuso el monje— detiene el avance de los mahometanos que ya ocupaban la península ibérica y amenazaban también Sicilia y la península itálica. Y esa defensa y avance del cristianismo ha sido la guía de acción de Carlomagno en todos los años que lleva reinando. Eso fue lo que lo llevó a comandar un poderoso ejército que se desplazó hacia el norte, hacia las inmensas llanuras que colindan con el mar, donde se habían asentado esos frisios y sajones que mencionáis y que amenazaban con traer sus creencias arrianas. Triunfó sobre ellos, los conquistó y les impuso, a la fuerza, nuestra santa religión.

—Ah, algo de eso se recuerda en mi familia —dijo entonces el joven Heinrich, el llamado "gordo del cordel"—porque mi abuelo, Johan, formó parte de aquel ejército y dejó sus huesos en un cementerio de Osnabrück, como muchos otros, caídos en el fiero combate.

—Sí, es que la lucha era realmente a muerte, no sólo por la obstinada resistencia de los iracundos sajones, sino también por la expresa decisión de nuestro señor Carlomagno, que consideraba que había que imponer forzosamente, a todo costo, la verdadera fe. Así lo había, incluso, escrito en las *Capitulaciones* redactadas como consigna para aquella campaña.... Pero, oigan, ya las campanas están repicando a Vísperas, vayamos presto a la Capilla, incorporémonos al Oficio y aprovechemos por hacer una oración por el alma del abuelo de nuestro joven discípulo Heinrich.

Cuando salieron del aula, el monje tomó del brazo a Heinrich y le dijo:

—¿Así que tu abuelo murió por allá, en tierras sajonas, dando batalla? Tenlo como un héroe, que honra a tu linaje. Su alma estará, sin duda, gozando de la paz del Señor. Del lado contrario, de los sajones, murieron muchísimas personas, centenares, no precisamente combatiendo, sino resistiéndose a aceptar la conversión que se les quería imponer. Nuestro padre Alcuino nos confesó que él se opuso a esa decisión de nuestro Rey, que él le había hecho ver a Carlomagno que condenar a muerte por no quererse bautizar en nuestra fe no era realmente una actitud cristiana.... Y eso le valió que el Rey prefiriera prescindir de sus sabios consejos y le enviara a una Abadía lejana, aunque honrándolo con el cargo de superior del monasterio, gracias al aprecio y admiración que le profesaba.

Y así, entre consuelo y confidencia, concluyó aquella sesión que ponía fin, también, a una estancia.

CAPÍTULO II

A la búsqueda de rumbo
por tierras germanas

E ra un viernes en la tarde de aquel soleado abril del año 801 cuando el grupo juvenil se encontró nuevamente en la taberna Del Buey. Ordenaron unas salchichas con sauerkraut y, desde luego, unas cuantas jarras de cerveza. La conversación se animó prontamente y devino en una suerte de competencia de jubilosas canciones, entonadas algunas en el franco ripuario del habla habitual de aquellos jóvenes, cantadas otras en un latín clásico, aprendido y perfeccionado en la Escuela Palatina a la que todos ellos asistían.

Entre canción y canción, entre cerveza y cerveza, entre salchicha y repollo, fue apareciendo un tema central: la inquietud por salir de Aquisgrán, por conocer algo más del mundo, por respirar otro aire, por desenvolverse con mayor libertad y decidir cada quien qué hacer con su vida.

—¿Y a dónde ir? ¿De cuáles lugares tenemos noticia? —inquirió alguno, tratando de precisar la cuestión—.

—Bueno, veamos —respondió otro— Yo he oído hablar de una ciudad cercana, a donde podemos llegar en unas pocas horas de camino, tomando rumbo oeste, a una ciudad que se llama Maastricht, tanto o más antigua que Aquisgrán, a la rivera de un gran río, el Mosa, que podría servirnos de escalón para adentrarnos en la región de Flandes, ir luego, por ejemplo, a Gante y, más allá, a Brujas, que es un verdadero hervidero según cuentan.

—Pues sí, allí podemos desarrollar nuestra afición al canto, al entretenimiento, mucho mejor que aquí — dijo alguien, intentando aprobar con entusiasmo la idea.

—Yo tengo otra idea —terció Heinrich, "el gordo del

cordón", apurando un largo trago de su jarro de cerveza—. Yo he oído hablar de otra gran ciudad y otro gran río yendo en rumbo opuesto, hacia el este, no más lejos de la que sugieres.

—¿Sí? ¿De qué ciudad y de qué río se trata? —preguntaron varios a coro.

—La ciudad: Colonia, *Köln*; el río: el Rin, el más caudaloso de cuantos cruzan la región, que corre de este a oeste hasta desembocar en el mar, por el que navegan barcos inmensos y a sus orillas muestra castillos y monasterios y acoge muy diversas ciudades, aldeas y poblados.

—¡Bravo, bravo! ¡Tenemos dos destinos posibles! ¡Hay dos alternativas igualmente atractivas para salir de este fastidio dorado de Aquisgrán! —exclamó otro de los jóvenes participantes en la reunión.

—Bueno, pero como no podemos ir a ambos lugares, yo propongo que lo echemos a la suerte —repuso Heinrich.

—Bien, yo tengo aquí una moneda... —anunció otro—. Lancémosla al aire. Si es "cara" vamos a Maastricht y al Mosa, si es "sello" vamos a Colonia y el Rin.

Al caer, la moneda mostró "sello". El destino estaba, pues, sellado. El grupo descartaría ir a Flandes, no se vería entre flamencos; iría a Colonia y a navegar por el Rin, adentrándose en las vastas tierras germánicas.

Dos o tres días después, ya debidamente preparados

y hechas las despedidas a los asombrados familiares, tres de nuestros jóvenes amigos se disponían a cumplir sus propósitos e iniciar el camino hacia el destino escogido.

—¡Colonia, allá vamos...! —gritaron a coro cuando dejaron las últimas casas de la ciudad e iniciaban la jubilosa caminata.

No había amanecido aún, apenas se insinuaba el sol en el horizonte, el tiempo estaba despejado, una suave brisa soplaba de norte a sur, todo propiciaba una agradable y feliz travesía. El grupo estaba integrado por Heinrich, "el gordo del cordel"; Friedrich "el ciervo", y Mathias a quien apodaban "el despierto". Iban trajeados con coloridos jubones y ajustadas pero cómodas bragas de gruesa lana, calzados con botas altas y tocados de alados sombreros, que les protegerían del radiante sol cuando éste estuviese más alto en el cielo claro de la temporada primaveral.

En sus zurrones llevaban buenas hogazas de pan de centeno, algunos embutidos de cerdo, trozos de carne de cordero seca y una buena ración de blanco queso de cabra. Iban provistos, además, de sendos odres de buen vino de la región, uno blanco y dos rojos.

Para acompañarse en el canto, uno llevaba una cítara, otro un laúd y el tercero una pequeña flauta.

Por previsión, cada uno portaba una filosa daga, que les serviría para defenderse si ocurriese algún imprevisto ataque por parte de algún salteador de camino.

Todo auguraba una feliz travesía, de unos cincuenta kilómetros, que cubrirían en dos o a lo sumo tres jornadas, a buen andar, deteniéndose sólo para recoger algunas frutas silvestres, descansando un poco al mediodía, durmiendo algunas horas en las noches, al abrigo de algún frondoso árbol de los tantos que encontrarían en los bosques que habrían de atravesar.

Cantando, corriendo a veces, haciendo los altos necesarios para el descanso o para las comidas, llegaron, pues, casi sin darse cuenta, a la antiquísima ciudad de Köln, *Colonia*, puerto sobre el Rhin, entrando por una calzada empedrada, bien conservada, que había sido construida por los romanos, denominada "Vía Bélgica". ¿Qué diremos de la ciudad que se abría a los ojos de nuestros amigos?

Pues, en primer lugar, que había sido fundada por los romanos probablemente el año 38 a. de C. Al tiempo de su fundación, la ciudad se denominó *Ara Ubiorum*, esto es, Ciudad de los Ubios, que era una tribu germánica, asentada en la margen derecha del río, que se había aliado con Julio César cuando éste inició la conquista de las Galias. César los reubicó en la margen izquierda y allí estableció el *limes* o límite del dominio romano. Allí nació Agripina, esposa del Emperador Claudio y madre del también Emperador Nerón. La ciudad fue convertida luego en *colonia*, que representaba una mejor consideración política y administrativa y se le dio el nombre de *Colonia Claudia*

Ara Augusta Agrippinensium, larga denominación que fue reducida más tarde a simplemente *Colonia.*

Derrumbado el Imperio Romano, Colonia pasó a ser una de las más importantes ciudades del reino de los francos y, así, quedó bajo la jurisdicción del régimen ahora dirigido por Carlomagno.

Conservaba todo su antiguo esplendor. Estaba rodeada de una imponente muralla con hasta doce puertas, para controlar entradas y salidas. Al menos siete de esas puertas estaban flanqueadas por una torre almenada doble, como era el caso de las denominadas Eigelstein y Hahnen, e incluso dos torres dobles, como la de Ulrepforte. Por esta última, precisamente, entraron a la ciudad nuestros tres jóvenes amigos, utilizando sus dotes de persuasión y apoyados en el encanto de su ya depurado arte musical.

Antes de flanquear la puerta, los gozosos caminantes admiraron el colosal Acueducto de Eifel, obra de los romanos, que seguía utilizándose para abastecer de agua a la ciudad.

Ya dentro de la ciudad, caminando por sus empedradas y limpias calles, lo primero en que pensaron sería dónde alojarse. Entraron, pues, a un sitio que les llamó la atención. el *Hostal de la Luna.* Y como tenían hambre, lo primero fue ir directo al comedor, sentarse a una mesa y ordenar comida y bebida. Los tres pidieron el plato especial del día: *eisbein mit sauerkraut,* ("rodilla de cerdo con repollo agrio") y, desde luego, unas buenas jarras de cerveza.

—Bien, amigos —dijo entonces Heinrich, el del cordel—. Ya estamos aquí, en Colonia... ya estamos comenzando ese cambio de vida por el que tanto hemos soñado.

—Sí, ya estamos los tres iniciando una nueva etapa, que no sólo será probar nuevas comidas y tal vez otras bebidas, sino presenciar otros acontecimientos y participar en actividades distintas a las que hemos estado acostumbrados —se atrevió a decir Friedrich.

—¡Ah! ¡Esto es vida! —dijo a su turno "el magnate"—. Dispongámonos a disfrutar de todo cuanto nos ofrece esta espléndida ciudad.

—¡No, no! —retrucó Heinrich, tomando de nuevo la palabra— No es ese nuestro propósito. Conozcamos, sí, qué es lo que hay de diferente en esta ciudad, gocémoslo en cuanto podamos, pero no pensemos en instalarnos aquí, ni siquiera en buscar qué hacer.... Les propongo que nos quedemos unos días, tal vez una semana, y que luego sigamos nuestro camino, conociendo un poco más, hasta decidir dónde nos instalamos.

Y así lo hicieron. Convinieron con el dueño del hostal un buen precio para alojarse por ocho días allí, cama y comida para los tres, identificados como peregrinos que iban hacia un monasterio de los tantos que se habían establecido en la región y que ya gozaban de justa fama como sitios de renovación espiritual.

¿Qué vieron nuestros jóvenes visitantes en Colonia? Ante todo, las enormes murallas que rodeaban la ciudad, las fortalezas que protegían las majestuosas puertas, los puentes que permitían pasar sobre la caudalosa corriente del Rin, los embarcaderos a ambas márgenes del río y los numerosos barcos que lo surcaban. Pero también las tiendas que ofrecían variadísimas mercaderías, telas, artesanías, objetos de metal y fina orfebrería, junto a admirables trabajos en vidrio "soplado" y otras técnicas heredadas de los romanos, así como animadas ventas de productos comestibles: aceite de oliva, aceitunas, higos, dátiles, conservas, embutidos y quesos.

La pasaron bien nuestros amigos. Recorrieron las calles de Colonia entonando sus alegres canciones, con sus bien armonizadas voces acompañándose con sus sencillos instrumentos musicales, deteniéndose en alguna taberna para depurar el buen vino de la región, especialmente ese de sabor delicado al que distinguían con el atractivo nombre de *liebefraumilch*, "leche de la mujer amada".

Llegado al término la estadía en Colonia, los tres amigos bajaron al embarcadero y abordaron el barco que zarparía pronto rumbo oeste, remontando la corriente del río. Se acomodaron como pudieron en la embarcación y se aprestaron para admirar el paisaje de una y otra orilla. Disfrutaron la vista de los viñedos cercanos y los dorados trigales extendidos más allá de la ribera, así como los rebaños de ovejas, corderos y cabras que trepaban las suaves colinas que bordeaban el río. Pero especialmente contemplaron con admiración las elevadas construcciones que adornaban lo más alto de esas colinas, de las que unas eran castillos señoriales y otras, austeros monasterios.

Pronto arribaron a una población, que supieron se llamaba **Koblenz** y allí desembarcaron. Pronto se enteraron de que el nombre de la ciudad se debe a que fue erigida por los romanos en la confluencia con otro río, el llamado **Mosela**, lo que le da una pintoresca característica. Es una ciudad rodeada también de una alta muralla fortificada, de estrechas callejuelas y atractivas edificaciones, con numerosas ventas de vino, producto de los bien cuidados viñedos de los alrededores, también iniciados por los romanos, que, como se recordará, habían establecido su *limes*, sus límites en el río Rin.

Durmieron esa noche en un mesón en Koblenz y al día siguiente abordaron otra embarcación, para seguir navegación. Tras otro interesante recorrido, contemplando idéntico paisaje al del día anterior, llegaron a un punto en el que se erigían dos ciudades, una frente a otra, flanqueando ambos márgenes del río. A la izquierda veían la que les dijeron se denominaba **Rudesheim am Rhin** y a la derecha, como trepando una pequeña colina, contemplaron a **Bingen**, que decidieron ir a conocer.

La ciudad se extiende a ambos lados de otro río, el **Nahe**, que desemboca luego en el Rin, dominando un extenso valle cubierto de viñedos. La fortaleza del *Monte Kloppberg* atestigua la presencia de los romanos en el sitio, que tuvo importante significación militar en su época. Como era de esperarse, en sus pintorescas callejuelas, algunas empinadas hacia lo alto de las colinas próximas, hay numerosas ventas y posadas, hostales y tabernas. A una de éstas entraron prontamente nuestros tres amigos, que, acomodados junto a una mesa, ordenaron una botella del vino del lugar, que ya sabían era de apreciable calidad. La moza que les atendió se atrevió a preguntarles:

—¿De dónde vienen, alegres viajeros?

—¡Ah, venimos de lejos, de más allá del Rin, de la capital misma del Imperio! —respondió resueltamente Heinrich, el más hablanchín de los tres.

—¿Desde Aachen venís?

—Efectivamente, desde Aachen, de donde salimos hace unos días y llegamos a Colonia, lugar éste donde tomamos la embarcación que nos trajo aquí, esta ciudad que queremos conocer.

—Bueno... nuestra ciudad es pequeña, pero tiene sus encantos; la podrán conocer en poco tiempo —respondió la moza—. ¿Les apetece comer ahora? Puedo ofrecerles un buen pedazo de carne de venado, adobado con hierbas, que es la especialidad de la casa.

—¡Uhm, uhm! Eso suena bien —dijo entonces Mathías—. Creo que todos estaremos de acuerdo en aceptar esa sabrosa oferta. Tráenos, pues, ese venado, que rociaremos con nuestro *Liebefraumilch*.

Cenaron así aquella noche, se fueron a dormir a un alojamiento cercano y al día siguiente se levantaron muy temprano, dispuestos a conocer Bingen y sus alrededores. Recorrieron las estrechas callejuelas de la ciudad, admiraron los floridos jardines que adornaban algunas casas, observaron las diferentes ventas de piezas de alfarería y otras obras artesanales, así como de frutas y verduras y carnes y pescado, hasta que llegaron a la capilla, donde resolvieron entrar.

—Por ventura, buen señor, nos podría indicar cuál es el Monasterio más cercano —preguntó Heinrich al sacristán del templo, una vez que se habían persignado ante el crucifijo que presidía el lugar—. Somos forasteros, venimos desde Colonia y más allá, en realidad desde Aquisgrán, podría decirse que en peregrinación para encontrar algún lugar propicio para nuestras ansias de renovación y cambio espiritual....

—¡Ah, bendito sea Dios! —respondió el sacristán —. Con todo gusto trataré de ayudaros. Vean, queridos jóvenes, no muy lejos de aquí hay un Monasterio benedictino donde se veneran las reliquias de Rufus de Metz, así como una Abadía, también regida por la regla benedictina, consagrada a San Emerano. Ambos lugares pueden ser apropiados para vuestras santas intenciones.

—¡Gracias, muchas gracias! —exclamaron.

Nuevamente en la calle, preguntó Friedrich a Heinrich:

—¿De dónde sacaste eso de la peregrinación y la renovación espiritual?

—Bueno, se me ocurrió que esa sería una buena manera de obtener información precisa, para no andar perdiendo tiempo... En realidad, no es tampoco una mentira como parecieras sugerir por la forma en que me has preguntado. Claro que andamos buscando un cambio, una renovación, una manera de mejorar el rumbo de nuestras vidas, darle sentido y orientación, propósito y contenido —dijo Heinrich con su habitual elocuencia.

—Pues bueno, precisemos la ubicación de esos monasterios y vayamos a visitarlos, a ver qué sacamos de eso —completó Mathías.

El monasterio donde se veneraban las reliquias de Rufus de Metz se encontraba en las inmediaciones de Odernheim, caminando hacia el sureste, donde el río Nahe recibe las aguas del Glan. Se le conoce como Monasterio de Disibodenberg, porque fue fundado por San Disibodo, un monje irlandés que como muchos otros de su misma procedencia vino a las tierras germanas para predicar el cristianismo.

Está dedicado a su santa memoria. Fue uno de los primeros establecimientos benedictinos en la región, enclavado entre viñedos, bosques y prados. Es un lugar de peregrinación por albergar las reliquias, no de San Disibodo, el fundador, sino de Rufus, quien había sido Obispo de la ciudad de Metz, en las Galias, a quien también se venera por su santidad.

—A buen seguro que en ese monasterio que vamos a conocer deben producir buen vino y buena cerveza —apuntó Friedrich cuando comenzaron la caminata.

—¡Claro! ¡Eso ni lo dudes! —dijo Heinrich—. Recuerden que la consigna de estos monjes es *"ora et labora"*, reza y trabaja, y ese trabajo se entiende que debe ser rendidor, producir para vender, para obtener recursos para el sostenimiento del plantel.

—Sentido práctico, sin duda, tienen estos monjes —dijo a su turno Mathías.

—Tómalo como quieras —ripostó Heinrich—. En realidad, eso forma parte de la búsqueda y afirmación de la armonía en la vida cotidiana de cada uno, conforme lo estableció San Benito, el creador de la orden y así está plasmado en la *Regla*. Eso es lo que queremos conocer, es lo que buscamos aprender para reorientar nuestras vidas.

—Dices bien —apuntó Mathias—. Emprendamos, pues, la marcha, para llegar a ese Monasterio.

Los jóvenes dejaron Bingen e iniciaron el largo recorrido, siguiendo a prudente distancia el curso del río Nahe, cruzando viñedos y huertos, pastizales y bosques. Iban cantando por el camino, cruzándose a veces con campesinos, con algún cazador furtivo, con algunas presurosas mozas. Y así, tras una vuelta del camino, avistaron el otro río, que desembocaba en el Nahe, y muy cerca la edificación de piedra, con un campanario y una cruz en lo alto, que inmediatamente supieron que se trataba del Monasterio buscado.

Estaba apenas amaneciendo cuando allí llegaron. Se acercaron al rústico portón de madera, escucharon un canto de voces masculinas y decidieron llamar para que les abrieran. A poco, efectivamente, apareció un monje joven, seguramente el hermano portero, que les dijo:

—Temprano llegáis, hermanos visitantes... Nuestra comunidad está en estos momentos en la Capilla, pues es la hora de *prima*, debemos rezar a *maitines*.... Pero pasad... Ya se os recibirá.

Concluido el rezo de la hora, cuando los monjes se retiraron a sus celdas para hacer la oración personal, se apersonó el Abad del monasterio y les hizo pasar a la recepción. Los jóvenes le explicaron el motivo de su visita, insistieron en calificarse como peregrinos en busca de guía para una renovación espiritual que los lleve a darle sentido trascendente a sus vidas. El monje les acogió con simpatía, les explicó el contenido y propósito de la Regla, les dio información sobre la rutina cotidiana que debe cumplirse en el monasterio y se manifestó de acuerdo en recibirlos como huéspedes con la obligación de cumplir con esa rutina, para que pudieran aprovechar la enseñanza que ella proporciona.

Pasaron, pues, a la Capilla y se incorporaron al coro que se disponía a cantar los *laudes* para acompañar la Misa. Posteriormente disfrutaron del desayuno en el comedor y salieron con los monjes al trabajo, siguiendo las instrucciones respectivas. Fueron llevados al viñedo y participaron en las tareas de recolectar las uvas, reconociendo las que estaban ya a punto, llevándolas luego al *lagar*, donde se procedería a pisarlas, con los pies descalzos, para extraerles todo el jugo y obtener el *mosto,* que luego se destinaría a la producción de vino, ese vino blanco, claro, que distingue a la región renana.

Concluyó la jornada matutina y, después del mediodía, volvieron todos a la Capilla para el rezo de la *sexta.* Pasaron luego al comedor donde les sirvieron el almuerzo, a lo que siguió el tiempo de recreación, utilizado para el desarrollo de lo que denominaban "conversación fraterna". El Abad aprovechó esos momentos para comunicarles a los tres visitantes que había decidido aceptarlos en el Monasterio como hermanos legos y dotarlos del oscuro hábito de los monjes para que les sirviera de vestimenta mientras estuvieran allí.

—¿Así que ustedes vienen de Aquisgrán, hijos míos? —les preguntó el Abad.

—Sí, padre. De allí salimos un día, hace ya bastante tiempo, en busca de un cambio que nos fuese provechoso —respondió prestamente Heinrich, que se había convertido en vocero del trío.

—Pues el tiempo ha seguido pasando y los cambios han venido llegando, espero que provechosamente como deseáis — les dijo el Abad.

Y a continuación pasó a referirles las noticias que había recibido desde el Monasterio hermano existente en Aquisgrán, que daban cuenta de cómo el Emperador Carlomagno, sintiéndose ya cansado y sin fuerzas había resuelto dividir su reino entre sus tres hijos, Ludovico, Carlos y Pipino, siguiendo las costumbres de los francos y demás pueblos germánicos. Poco tiempo después los dos últimos murieron, no sabemos cómo y por qué causa, quedando Ludovico como único heredero, pasando a ocupar el trono cuando murió Carlomagno. Eso fue en el año 814. Por sólo tres años reinó Ludovico en Aquisgrán y se mantuvo el Imperio que había construido Carlomagno, pues en el 817 también murió Ludovico y, al igual que lo había hecho su padre, dividió su reino entre sus tres hijos, llamados Lotario, Luis y Carlos. El primero, que era el mayor, se quedó con la parte central del Imperio, que pasó a llamarse **Lotaringia,** conservando el título de Emperador. Luis, a quien llamaban "el Germánico", fue coronado de la parte oriental, que comenzó a denominarse **Germania**, y Carlos, apodado "el Calvo", fue reconocido como Rey de los francos, ocupando la parte occidental del antiguo Imperio.

—¡Caramba, sí que ha pasado tiempo y sí que ha habido cambios! —exclamó Heinrich luego de oír el largo relato sobre su patria.

—Sí, el cambio constante, la renovación permanente de cuanto somos y hacemos es la ley de la vida

—dijo entonces el Abad—. Debemos entender que esa es la acción del Espíritu Santo, el papel dinámico que juega en la Creación de Dios, que no es estática, sino llena de vida.

La vida, ciertamente, siguió su curso. Pasaron otros años, surgieron otros cambios, en Aquisgrán, en los reinos germánicos y francos, en todo el mundo conocido. Y un buen día, los tres antiguos visitantes, jóvenes cuando llegaron al Monasterio, hombres maduros ahora, se presentaron ante el Abad para rogarles permitiera renunciar al hábito monacal y salir al mundo, a continuar la búsqueda que habían iniciado tiempo atrás.

—Estamos, ciertamente, muy agradecidos con este Monasterio y con todos cuantos lo habitan. Hemos aprendido mucho aquí, hemos crecido en todo sentido, pero sentimos que no es este nuestro lugar, aquí no termina nuestra búsqueda... —dijo Heinrich en nombre de los tres.

—¡Vayan con Dios! ¡Que Dios les proteja y el Espíritu Santo les guíe por el buen camino! —les dijo el Abad a manera de despedida.

Y abandonando el Monasterio salieron los tres, Heinrich, Frederich y Mathías, otra vez con sus zurrones y odres, su cítara, su laúd y su flauta, con más años encima y menos fuerzas quizás, aunque con energías renovadas, para seguir buscando rumbo en las tierras germánicas. ¿A dónde irían ahora? Tomarían nuevamente una embarcación y navegarían por el Rin, más hacia el este, hasta otra ciudad también ubicada en la confluencia de otro río. El río, esta vez, sería el **Main**; la ciudad, **Frankenfort,** es decir, "el vado o el paso del río por los francos". Y ellos, los tres, serían esta vez los francos que pasarían el río para entrar en la ciudad.

Llegaron, pues, nuestros amigos, a esa ciudad, que entonces era conocida con el nombre que hemos indicado, aunque más tarde se cambiaría por el más simple de **Frankfurt**, añadiendo **am Main**, para que no se confundiera con otra ciudad del mismo nombre, ubicada más al norte.

Y en llegando se acercaron a la **Römerplatz** y contemplaron las grandes edificaciones que la flanqueaban mientras se apresuraban a hacer algunas compras en el mercado en que se había convertido la plaza.

A partir de allí, los tres hombres de Aquisgrán fueron absorbidos por la ciudad. La formación que habían recibido en la Escuela Palatina de Carlomagno, la experiencia del viaje, el crecimiento, la madurez, la disciplina y los conocimientos que habían desarrollado en el Monasterio, fueron credenciales suficientes para que se les admitiese en la sociedad de Frankfurt. Se relacionaron con autoridades, clérigos, comerciantes y artesanos. Se convirtieron en ciudadanos de Frankfurt. Conocieron e intimaron jóvenes de allí y terminaron casándose con tres hermanas, Aldeheid, Catharina y Margaretha.

Ya no eran, pues, sólo tres hombres que habían salido un día de Aquisgrán en busca de mejor destino para sus vidas, sino tres familias establecidas en Frankfurt obligadas a hacer frente a las vicisitudes y retos que les planteaba el destino que habían encontrado. Había cambiado el lugar, sí, pero había cambiado también el tiempo y lo que sucede cuando tiempo y espacio se ponen en movimiento. Ya no existía aquel esplendoroso Sacro Imperio Romano que había erigido y manejado con mano de hierro el Carlomagno que admiraban. Estaba partido en tres pedazos, cada vez más diferenciados. Ahora eran tres Reinos y ellos se habían convertido en súbditos de uno de esos, el que estaba más al este, más próximo a otros pueblos y otras maneras de pensar. Ya no reinaba el Emperador, ahora imperaban los Reyes. Ellos estaban en la Germania, ahora eran germanos. Pero todavía había más cambios, más separaciones, más divisiones que parecía se multiplicaban: esa monarquía germana no era, en realidad, más que una ficción. El poder verdadero estaba en manos de los duques de Baviera, Suabia, Franconia, Sajonia y Lorena. Es decir, partes de una de las partes del antiguo Imperio. Había llegado la hora del particularismo, del localismo. Así como los duques eran los que mandaban en sus grandes ducados, los condes lo hacían en sus condados y los marqueses en sus *marcas*.

Pero había aún más. La Iglesia Cristiana se desprendía del dominio imperial, pero, al mismo tiempo, la disciplina pontificia estaba en entredicho. ¿El Papa coronaba o ya no al Emperador? ¿El Emperador elegía o ya no al Papa? ¿Y a los Obispos? ¿Cómo se manifestaba el Espíritu Santo? ¿Sería cierto eso de *vox populi vox dei*? Como respondiendo de soslayo a tantos inquietantes interrogantes, comenzaron a multiplicarse los Monasterios, los grupos de cristianos que preferían retirarse del mundo y encerrarse en los conventos en busca de una renovación espiritual, alejada de las corruptelas y las complicidades del entorno vaticano.

Y más allá, en el común de los mortales, entre toda esa gente que quería creer, pero no encontraba ni a quién ni en qué creer, se implantaba, se esparcía, se multiplicaba, el miedo, el terror, el espanto a ese Año Mil que venía acercándose, anunciándose como el signo del Fin del Mundo, de la catástrofe universal presagiada en los Apocalipsis.

A esa confusión interna se sumó, por entonces el nuevo acontecimiento externo, la llegada abrupta de nuevos invasores, procedentes esta vez del Norte de Europa. Eran los *vikingos o normandos*, originarios de Escandinavia, buenos navegantes, practicantes de la piratería. La ausencia de un poder central, y la necesidad de defenderse rápidamente contra ataques sorpresivos, reforzó el poder de los señores locales, los castellanos, que organizaron sus propias fuerzas al mando de los caballeros, sus vasallos. Nacía así, de la necesidad, un nuevo sistema, una nueva forma de ordenar la sociedad: El *sistema feudal*, que sustituyó, en toda Europa, al *sistema imperial*.

En esa atmósfera, en ese caos, en ese batiburrillo incomprensible, los hijos de los hijos del gordo (**gross**) del "ciervo" (**buck**) y del "despierto" (**wake**), ya crecidos, ya en edad de tomar sus propias decisiones, resuelven retomar el camino iniciado por sus progenitores. Se despiden de sus padres, de sus familiares, de sus amigos, y toman el camino hacia... ¿el norte, hacia el otro Frankfurt, hacia Magdeburg y Brunswick, cerca de las *marcas* que frenaban a los *magiares*?, ¿o hacia Hanover, Osnabrück o Bremen, que ya sabían eran territorios dominados por gentes similares a ellos, descendientes de los francos, afines a los carolingios?

Esta última alternativa abría la posibilidad de acercarse a las regiones invadidas o dominadas por la gente del norte, distintos y distantes. Era, realmente, un mundo nuevo.

Iban, jubilosos, a conquistar ese mundo. Más bien, a construir un nuevo mundo, el que debía superar el caos y la confusión imperante, con orden y concierto, con disciplina, con auténtica fe.

Iban, pues, a trasponer el Año Mil.

CAPÍTULO III

Trasponiendo los mil y un años

Superado el inicio del segundo milenio, vencidas las sombras del terror generado por el temido Apocalipsis, que nunca llegó, recuperado el equilibrio espiritual, el mundo europeo entró, decididamente, en una nueva etapa de su desarrollo. Aquel Imperio carolingio había sido como el lucero del alba, como la estrella que anuncia la llegada del amanecer.

Ahora, efectivamente, estaba llegando ese amanecer. Ya se había superado la obscura época, de varios siglos de duración, en la que todo era confusión y desorden.

El antiguo Imperio Romano se había, primero, detenido, no iba más allá de sus *limes*, envuelto en intrigas y traiciones, embriagado en gozos y en persecuciones; partido en dos, luego, en banal intento para detener su caída, vacilante, indeciso, entregado a los variados grupos que le fueron comiendo desde dentro.

Mientras en Bizancio se consolidaba una nueva estructura política, basada en la alianza del Emperador y el Patriarca, Roma caía en manos de las hordas invasoras, transformadas luego en herederos del viejo trono imperial, en tanto que la dirección de la Iglesia cristiana era asumida por ambiciosos sin vocación y sin mística.

Fue, realmente, el imperio de la anarquía, del desorden, de la auténtica oscuridad, de la noche absoluta, que ahora, felizmente, ha quedado atrás, gracias a Dios y a las dos manos que le sirvieron de instrumento: Carlomagno en lo político, los monjes en lo religioso.

El nuevo Sacro Imperio Romano Germánico se consolidará como la máxima instancia política de Occidente a partir de la acción de los herederos de Carlomagno. Y la institución de los Monasterios será la base de la reforma y reconducción de la Iglesia. En plena época oscura, cuando el Papado se lo disputaban y repartían los aristócratas de Roma, allá por el año 529, tras experimentar los beneficios de la vida retirada en el encierro de *Subiaco*, el joven *Benito de Nursia* resuelve fundar un Monasterio en *Montecasino*, para el que establece una *Regla*, es decir, un instrumento de regulación de la vida y la actitud de sus seguidores, los "monjes": voto de pobreza, obediencia, castidad y estabilidad. Se establecía, así, un claro contraste con la Iglesia secular, rica, anárquica, licenciosa e inestable.

Vistas así las cosas, nuestros jóvenes resuelven iniciar su peregrinaje volviendo a aquel Bingen del que les habían hablado sus abuelos y buscar aquel Monasterio de Disibodenberg, ubicado en la confluencia del Rin con el Nahe, a fin de solicitar orientación espiritual pero también geográfica y social.

Se detienen, sin embargo, en la pequeña localidad de **Rupertsberg**, donde les informan que hay un nuevo Monasterio, relacionado con el que buscaban, pero que es regido por una mujer, una Abadesa, de cuya personalidad han oído decir muchas cosas interesantes de las gentes que se han ido topando en el camino. Se trata de **Hildegarda**, una monja formada en aquel Monasterio de San Disidibo, que había resuelto crear uno exclusivo para mujeres, lo que les llamó la atención por lo novedoso y diferente que resultaba.

—Es nuestro más vivo deseo conocer a la señora Abadesa, la muy reverenda madre Hildegarda —dijo uno de los jóvenes a la hermana portera del Monasterio cuando les abrió la puerta.

—¿De dónde vienen ustedes? —les preguntó.

—Venimos de Frankfurt y vamos camino hacia las tierras del norte.

—Bien. Creo que el hermano secretario les podrá recibir. Pasen adelante y síganme.

Se entrevistaron con el secretario del Monasterio, de nombre *Volmer*, quien quiso saber qué sabían de la Abadesa, qué habían oído decir de ella, por qué se interesaban en conocerla.

—¿Quién no ha oído hablar de Hildegarda de Bingen? Sabemos que es una de las personalidades más famosas de nuestro tiempo y nuestra región —dijo con decisión el más desenvuelto de nuestros jóvenes —. Hemos oído hablar de sus innovaciones en el canto litúrgico, de los cambios que ha introducido en el fondo gregoriano tradicional, añadiendo sentimiento y emoción a lo que siempre fue una limpia monotonía. Pero también de sus ideas científicas, del cultivo y uso de las plantas para el tratamiento de muchas enfermedades y de los conceptos novedosos sobre las características del ser humano y del papel de las mujeres en la sociedad.

—Ya veo, ya veo —dijo el secretario—. Muchas cosas se dicen de nuestra madre abadesa. Y comprendo el interés que ustedes, como tanto otros, tienen de conocerla. Y vea que ustedes tienen suerte: esta tarde, concluido el oficio de *Vísperas*, tendremos un evento especial, montaremos el drama semilitúrgico *Ordo virtutum*, escrito y compuesto por nuestra Abadesa, en el que las monjas cantarán, representando las almas encarnadas y fieles, buscando las virtudes, y yo también actuaré, representando el papel del Diablo, al acoso de aquellas almas y obstaculizando esas virtudes. Disfrutarán ustedes el espectáculo y apreciarán más de cerca las ideas de la madre Hildegarda...

Siguiendo al secretario, pasaron a la Capilla. Fue entonces cuando se enteraron de que había un motivo especial para esta presentación: la señora Abadesa se despedía de sus monjas, pues al día siguiente iniciaría un viaje por el Rin para llevar su mensaje a los pueblos de la región. Oyeron los cantos de las monjas y luego presenciaron el montaje del drama anunciado.

Durmieron esa noche en el Monasterio y a la mañana siguiente caminaron hasta el embarcadero y tomaron el barco para seguir viaje por el Rin, acompañando a la madre Hildegarda y a su reducido séquito.

La embarcación estaba realmente llena de viajeros. Se multiplicaban los cantos, los murmullos, las conversaciones a gritos, el chismorreo incesante. Era generalizada la conversación sobre el paso reciente de multitudes que marchaban hacia el oriente, unos por este mismo río, muchos otros por los caminos paralelos, alentados por la prédica de un tal Pedro a quien identificaban como "el Ermitaño" y un fraile, a quien nombraban Walter, "el Menesteroso", que decían que había que llegar a Jerusalén para rescatar la Cruz en la que había muerto Jesús y el Santo Sepulcro en el que habían depositado su cuerpo, que estaban en manos de los nuevos herejes, los musulmanes, esos mismos a los que Carlos "el Martillo" había contenido en los Pirineos. Era un fervor contagioso, un movimiento colectivo de fe, que animaba a la gente a emprender otra "Cruzada", como ya empezaba a identificarse esas marchas de sentido religioso hacia Jerusalén.

Las conversaciones y los cantos de los viajeros fueron interrumpidos por una voz femenina, que reclamaba silencio y atención. Era la madre Hildegarda, que se había trepado sobre un tonel de vino de los que estaba cargada la cubierta del barco, y gritaba para hacerse escuchar:

—¡Oid! ¡Prestad atención! Quiero comunicaros la visión que he tenido ha poco. Tres torres vi en esa visión, a través de las cuales me reveló la Sabiduría algunas cosas ocultas. La primera tenía tres habitaciones. En la primera había nobles muchachas con otras personas, que escuchaban con devoción ardiente las palabras de Dios que salían de mi boca, y era como si tuviesen siempre ganas de lo mismo. Pero en la segunda había algunas mujeres firmes y sabias, que abrasaban de verdad a Dios con sus palabras y sus corazones, y que decían: "¡Oh!, ¿por cuánto tiempo se quedará ésta entre nosotros?". Y no se cansaban nunca de esto. En la tercera habitación, por su parte, había gente del pueblo fuertemente armada, que, abriéndose paso enardecida hacia nosotras, era presa de admiración por nuestros prodigios y los amaban con gran pasión.

—¡Ah! ¡Es Hildegarda, la visionaria! —exclamaron algunas voces surgidas del grupo de viajeros.

—Sí, soy yo, vuestra Hildegarda. Desde mi niñez, les digo, cuando mis huesos, mis nervios y mis venas, aún no eran fuertes, he tenido siempre esta visión en mi alma, hasta ahora, que ya estoy cargada de años....

—¡Sigue, sigue! —gritó entonces un grupo de mujeres que se habían arremolinado en torno al barril que había escogido Hildegarda como improvisada tribuna.

—Bien, amigas y amigos. Quien tenga oídos que oiga esto que les quiero decir: "Así como la mujer procede del varón, el varón por medio de la mujer, y todas las cosas de Dios". Por lo cual se dice: "La mujer para el varón fue creada" y el varón fue hecho para la mujer, porque así como ella fue creada por causa del varón, del mismo modo el varón lo fue por causa de ella, para que uno no se aleje del otro con vistas a su descendencia, porque cooperan a la vez en una sola obra, así como el aire y el viento se imbrican mutuamente en su cometido...

El viaje siguió así entre visiones y prédicas, entre cantos y oraciones, hasta Köblenz, donde desembarcaron algunos y subieron otros y finalmente hasta Colonia, que era el destino final de la travesía.

—¡Sigamos, sigamos hacia el norte, hacia Osnabrück! —le dijeron al joven del cordel sus compañeros — Ya hemos tenido suficiente de prédicas y cantos y de oscuras visiones difíciles de comprender. Aterricemos en nuestro mundo, volvamos a la realidad, a ver cómo nos aseguramos el pan nuestro de cada día.

—Sí, de acuerdo. Estoy seguro de que por esos predios encontraremos a quién nos podremos recomendar para establecer una relación aceptable, que nos asegure la necesaria mantenencia —respondió el interpelado—. ¡Ah!, ¡Qué buen vasallo sería si encontrase buen señor! —exclamó, como recordando algo que había oído decir de alguien por aquellos días en los que todos buscan acomodo a su incierta situación.

Y emprendieron el camino. Cargaron sus morrales con vituallas y bebidas. Llevaban, como siempre, sus instrumentos musicales, los que habían heredado de sus abuelos, los que habían aprendido a tocar. Iban cantando, alegres, viejas canciones, también heredadas, pero muchas otras nuevas, aprendidas en sus andanzas, en la escuela de Frankfurt, en el Monasterio o en la Capilla. Pasaron por Dortmund, por Münster y llegaron a Osnabrück. Pasó el tiempo y cubrieron las distancias y llegaron, como quien dice, al llegadero. Al menos por ahora.

—Veamos al Obispo —dijo Heinrich, el del cordel— Tal vez él pueda tener algo para nosotros.

Dicho y hecho. Entraron a la ciudad, recordando que sus abuelos les habían referido que había sido fundada por el Emperador Carlomagno. No era, pues, una ciudad antigua como las que habían conocido hasta entonces, con edificios y monumentos romanos. Sería, por tanto, una nueva experiencia. Nuevas caras, nuevos sitios, nuevo modo de vida.

Admiraron las dos sierras montañosas entre las que está enclavada la ciudad: la *Wiehengebirge* y la *Teutoburger Wald*. Cruzaron el puente sobre el río *Hase*, tomaron la *Grosse strasse* y atravesaron la bulliciosa *marktplatz,* accediendo finalmente a la hermosa Catedral de *Saint Peter*, ordenada construir por el Emperador. Sin dificultad entraron a la residencia episcopal, contigua al templo, y se presentaron ante el señor Obispo.

—Monseñor —explicaron al responder al saludo del prelado—. Venimos casi en peregrinación desde las tierras bañadas por el Rin, desde esas diversas ciudades por las que pasaron poco ha los fervorosos cruzados que respondieron al llamado de Su Santidad y se pusieron a las órdenes del Ermitaño para ir a reconquistar los Sagrados Lugares; desde otras que han sido cautivadas por las visiones de la venerable Madre Hildegarda, que preconiza una nueva orientación espiritual, y hemos venido aquí para incorporarnos a la reconquista de estas tierras del norte, dominadas por gente extraña, que la han tornado improductiva para el cuerpo y para el espíritu.

—Bien, bien, queridos visitantes —respondió el prelado—. Sed bienvenidos a nuestra grey. Veamos qué podemos hacer para satisfacer vuestros prudentes deseos. Por lo pronto, no puedo menos que confirmar la impresión que habéis manifestado en cuanto a las tierras que se extienden al norte de nuestros predios.

Efectivamente, están ocupadas por gente que han venido de un poco más allá, tal vez de allende el mar, vikingos o normandos, que dicen unos, sajones como los identifican otros, pero todos gente extraña, agresiva, violenta, adoradores de demonios, a los que es preciso combatir y desplazar. Me duele, sin embargo, deciros que aún no ha terminado ese peregrinaje del que habláis, que tendréis que seguir caminando un poco más, unas cuantas leguas hacia el este, hasta llegar a otra ciudad, Minden, sobre el río Weser, a medio camino hacia Hannover, donde deberéis hablar con mi hermano el Obispo de allí, que es quien tiene jurisdicción sobre esas tierras de las que habláis, en el valle del mar de Dummer y las laderas del monte Stenwede.

—Entendido, Monseñor —dijo Heinrich, el mozo del cordel, que nuevamente asumía el papel de vocero del grupo—. Gracias por la información. Seguiremos nuestro camino, como usted nos indica. Le rogaríamos, eso sí, que nos ayudara en el contacto con las altas autoridades de Minden.

—De acuerdo, de acuerdo.... —reiteró el alto dignatario—. Les ruego que busquen albergue, que descansen, que recen sus oraciones, y que vuelvan por acá mañana. Trataremos de expedir algunas letras de presentación para ustedes.

Los tres peregrinos, venidos de Frankfurt del Memo surcando primero el Rin y caminando luego desde Köblenz, volvieron a las calles de Osnabrück, para buscar posada, comer y alojarse y prepararse para el nuevo rumbo que darían ahora a sus vidas. Ya estaban decididos. El pensamiento, el azar o los designios de Dios, ¡vaya usted a saber qué es lo que decide! Iba transformando en ellos su aparente peregrinación espiritual en una aventura vital: se sumergirían decididamente en el nuevo rumbo social que estaba comenzando a establecerse en Europa, el *sistema feudal*. Se entrevistarían con el Obispo de Minden y le pedirían que les hiciera sus *vasallos*, sus fieles servidores, para trabajar las tierras que dispusiese, para servirle en todo cuanto mandase, en la seguridad de que a cambio recibirían protección y amparo, consideración y justicia.

Y así fue, en efecto. Encontraron albergue, tomaron un par de jarras de cerveza acompañadas de unas salchichas, durmieron plácidamente sus buenas ocho horas y a la mañana siguiente se presentaron nuevamente ante el Obispo.

—Buenos días, Monseñor —saludaron mostrando alegría y decisión—. Aquí venimos por la ayuda prometida.

—Bien, jóvenes –respondió el prelado—. Aquí tienen estas cartas de presentación para el señor Obispo de la vecina Diócesis de Minden, quien con seguridad les atenderá y resolverá las solicitudes que le hagan. En un par de jornadas, a buen andar, podrán estar ustedes allá. Tomen ahora el camino hacia Hannover. Pasarán por un par de poblados, Melle y Bünde, y se encontrarán con un río, el Weser, que atraviesa la ciudad de Minden. Ese sí es su destino. Vayan a la Catedral y busquen al Obispo. ¡Y que Dios les acompañe!

Salieron y se pusieron en marcha de inmediato, con la alegría y la resolución que siempre les acompañaban. Entre risas, canciones, meriendas y sobresaltos, cubrieron el camino y más pronto de lo que pensaban se encontraron a las puertas de la Catedral de Minden. Se identificaron como peregrinos y mostraron las cartas del prelado de Osnabrück.

—¡Loado sea Dios! —exclamó el dignatario luego de leer el documento que le entregaron—. Precisamente estoy trabajando en ese asunto. ¿Conocen ustedes el Monte Stemwoder? ¿Han oído hablar del lago Dummer? Entre una y otra cosa hay vastas tierras, incultas, azotadas tal vez por los invasores, pero esperando gente que las trabaje, que las ponga a producir, para beneficio de todos.

—No, Monseñor, no conocemos nada por aquí, pero estamos dispuestos a ir donde usted nos indique y hacer lo que nos mande.

—Perfecto, Alabado sea Dios…. Ya verán que les va a ir muy bien, será como estar en el Paraíso y me lo agradecerán eternamente.

El Obispo les explicó su plan. Irían a una vasta llanura de tierra ahora pantanosa y herbosa, donde por el momento sólo hay hierbas y heno, ubicada al sureste de un gran lago llamado el Dummer, que se extiende hasta las faldas del monte Stemwoder, una colina en realidad, de poca elevación, que forman parte de la ministerialidad de Minden.

—Les daré esas tierras con todos los derechos, para su uso y usufructo, a condición, como es usual, de que establezcan allí nuevos habitantes, para que sea desaguada, trabajada, sembrada y vuelta fecunda; y para que, luego, se pague y ponga a disposición de nuestra diócesis un censo anual, según el plan que más adelante definiremos.

Aquellos jóvenes, que se prometían como *vasallos*, y aquel obispo, que se consagraba como *señor*, aquella mañana de un día de comienzos del siglo XI, estaban dando un paso histórico, estaban incorporándose al establecimiento de un nuevo sistema de vida, una nueva forma de afrontar las necesidades económicas y los requerimientos sociales, que pronto comenzaría a conocerse con el nombre de *feudalismo,* porque en la generalidad de los casos las relaciones entre las personas se basarían, como ocurría en esta ocasión, por la concesión de un *feudo*, en este caso una tierra, pero otras veces un derecho o un cargo, mediante la *investidura* que el señor hace a su vasallo en respuesta al *homenaje* o promesa de fidelidad y servicio que éste le ha hecho. Tan *señor* sería ese obispo y los otros dignatarios de la Iglesia como lo serían los barones y los condes y los reyes y los emperadores de esa sociedad férreamente jerarquizada que estaba comenzando a desarrollarse entonces en sustitución de la ilusión carolingia y en complementación del avance cristiano.

Muy pronto cayeron en la cuenta, tanto el Obispo como los tres pioneros, que no estaban solos en la histórica aventura. Un grupo numeroso de jóvenes, venidos de diversos lugares, se agolpaba a las puertas de la Catedral y se apresuró a hacerle al Obispo planteamientos idénticos a los que aquellos le habían hecho. A gritos trataban de identificarse: mi nombre es Nobbe", decía uno; "yo soy Meyer", "yo Ortmann", "yo Angelbeck", Reue, Schäfer, Krämer, Nüssmann y otros más, tal vez indicando procedencia, quizás gentilicio, pero siempre señalando el mismo propósito.

—¡Calma, calma! —dijo el Prelado—. A todos los atenderé. A todos y a cada uno les daremos solución y respuesta.

Y comenzó el proceso de asignarles a cada uno un pedazo de aquellas tierras, destinadas a convertirse en *feudos*, uno para cada *vasallo*. Serían lotes de adecuada dimensión, contiguos o cercanos, escogidos por el *señor*, el Obispo de Minden, entre los muchos que allí estaban en esa tierra hasta hacía poco ocupada por tribus sajonas, ahora desplazadas por los ejércitos carolingios. Al parecer, esos primeros pobladores habían formado allí una aldea, una comunidad campesina, que había necesidad de restaurar, trabajando la tierra, cultivando algún cereal y otros vegetales, pero también, necesariamente, poblándola, dotándola de gente para llevar adelante el trabajo por hacer.

Habría que traer más pobladores, ciertamente, pero había que comenzar por casa. Se imponía, pues, la necesidad de buscar mujer, casarse y, a su momento, tener hijos. Y así lo hicieron. Aquellos jóvenes se convirtieron en matrimonios al unirse, con la bendición del Obispo, con otras tantas muchachas de los diversos vecindarios de la región, que, una buena mañana de un día de abril de aquel año 1189, partieron alegres a tomar posesión de sus respectivos *feudos*.

Algo quedaba de lo que había sido el primitivo asentamiento sajón. Algunas chozas de barro y paja, abandonadas, y unas piedras circulares y redondas, tiradas por el suelo, cubiertas de tierra y maleza. Pronto supieron de qué se trataba. No eran monumentos ni ídolos religiosos, como pensaron inicialmente, sino instrumentos de trabajo, piezas útiles para la manipulación de algún alimento, piedras de moler, *quern*, similares a algunas que habían logrado ver en algún pueblo de los muchos por los que habían pasado. Tenían, pues, a su disposición un *molino* primitivo junto a una de sus casas. Ese sería el emblema de su nuevo hogar: "la casa del molino", *quern-heim*, dicho en idioma germánico.

Ese fue el inicio del poblamiento de toda aquella zona al sureste del lago Dümmer y a uno y otro lado de la montaña Stemweder.

Como "condado libre" —*Freigsfschaft*— se calificó la aldea, aunque era realmente un *feudo*, inicialmente del dominio imperial de los duques de Sajonia, traspasado al Obispo de Minden como forma de amortizar deudas y obligaciones. El Obispo, a su vez, traspasó la propiedad de los feudos al Monasterio local y, ulteriormente, éste lo hizo al Monasterio de monjas de Levern. En cualquier caso, el *señorío* se traducía en obligaciones para los *vasallos*, que sólo teóricamente podían calificarse de *libres*.

Estaban, además, las obligaciones para con el Emperador, no menos exigentes.

Las aldeas, empero, fueron desarrollándose, se incorporaron nuevos colonos, se ocuparon nuevas tierras, se agregaron nuevos cultivos, se construyeron casas y establos, se dividieron algunas granjas, se consolidó la población.

CAPÍTULO IV

El mundo se hace moderno

A la vuelta de unos pocos años todo comenzó a cambiar. Había más gente, había más necesidades, había nuevas preguntas y nuevas respuestas para todo cuanto se pudiese pensar. Ya la gente no se conformaba con lo que le decían y enseñaban. Las fórmulas repetidas años tras años no satisfacían los requerimientos de unos y otros. Los digestos de los romanistas y los códigos tradicionales no aseguraban la justicia ni resolvían los pleitos, cada vez más numerosos y complicados. Los rezos y las penitencias cedían su lugar a nuevas devociones y la fe ciega en el más allá de las promesas era objeto de cuestionamiento generalizado. El latín de clérigos y juristas servía tal vez para la comunicación de las nuevas élites intelectuales, pero era insuficiente e inapropiado para los muchos que ahora querían leer los nuevos libros en el mismo idioma en el que hablaban. Las cruzadas habían mostrado la existencia de nuevos mundos con nuevas cosas que ofrecer a los europeos: desde especias de muchos sabores para sazonar la comida con algo más que sal, hasta telas, brocados y sedas para vestirse mejor y joyas relucientes para lucir en las cortes y saraos.

El ansia de cambio se generalizaba en esa Europa que ya sentía la incomodidad de sus limitaciones. Había más bocas que alimentar, era necesario aumentar y diversificar la producción agrícola y ganadera. Inventos como el molino movido por la fuerza de los ríos, primero, y la de los vientos, después, y el perfeccionamiento del arado uncido a los cuernos de la yunta de bueyes, en lugar del cuello, como era hasta ahora, revolucionaron la producción agrícola. Todo había que experimentarlo, hasta el movimiento del sol, la luna y los planetas. Y todo había que explorarlo, buscar otras maneras de llegar a las riquezas orientales eludiendo el bloqueo musulmán: había que circunnavegar el continente africano y aventurarse en ese desconocido mar atlántico, para comprobar si en verdad se podía llegar al Este navegando hacia el Oeste como sugerían algunos osados marineros.

Sobre la base de algún invento chino, dado a conocer por intrépidos viajeros, un joven natural de Maguncia, de nombre Johannes Gensfleich, luego cambiado a Gutemberg, perfeccionó una nueva manera de imprimir libros, animando a escritores y traductores, que verían pronto crecer el número de sus lectores.

Todo, todo, comenzó a cambiar en Europa en esos agitados años de finales del siglo XV. Cambió el mundo interior de las gentes, su manera de pensar, sus creencias, sus ideales y proyectos. Pero más aún cambió el mundo externo, las dimensiones de los reinos y los imperios y de las concepciones políticas y religiosas y de las construcciones materiales y las investigaciones científicas y de todo cuanto es obra del ingenio humano.

El mundo se hizo otro, cambió, se hizo moderno, se actualizó.

¿Recuerdan aquellos jóvenes, que salieron un día de Minden, casados, para iniciar la aventura de establecerse en una tierra que no conocían y comenzar una nueva vida? Fueron pioneros de la modernización. Se sumergieron, como lo harían tantos otros en aquella época, en la ola de los cambios. Asumieron, por una parte, su papel de protagonistas del cambio social que significaba hacerse "vasallos", subordinados voluntarios a un "señor", como lo estipulaba ese nuevo modo de vivir que empezaba a entenderse como "feudalismo". Asumieron también sus nuevas funciones económicas, al transformarse en campesinos, ellos que hasta ahora y por herencia, habían representado a los típicos habitantes de ciudades, sin oficio ni beneficio. Compartirían igualmente las preocupaciones de tantos otros por las cuestiones espirituales, por el impulso a hacer más conscientes sus devociones y sus prácticas religiosas. Y, como parte del esfuerzo por comprenderse a sí mismos, por saber quiénes eran ellos, comenzaron la tarea de la identificación propia, del saber cada uno cómo diferenciarse de los demás, más allá del puro nombre y de los apelativos circunstanciales.

Esto último venía a ser la cuestión, superficial sólo en apariencia, de lo que se denominaría el "apellido", para otros el "linaje", la "genealogía". La costumbre hasta ahora era identificar a las personas por su procedencia o por su origen, si se conocía. Hillen, Friedrich, Mathías, que eran los nombres de aquellos tres recién llegados a la aldea que ya empezaría a conocerse como Quernheim, serían llamados "zum Osnabrück", aunque otros decían que eran "zum Frankfurt". Algunos más bien, siguiendo otra costumbre, les llamarían "el del cordel", el "ciervo", el "despierto", a imitación de lo que ocurría con los gobernantes, reyes y emperadores, que se identificaban como "el martillo", el "breve", el "calvo", el "hermoso", el "terrible", el "temerario", el "impotente" y tantas otras denominaciones de variada naturaleza.

El llamado "despierto" construyó la casa Nº 1 de aquella aldea y empezó a hacerse llamar "Schwake". El "ciervo" se instaló en otra casa, igualmente construida por él, y adoptó como patronímico el más sonoro nombre de "Buck". Y "el del cordel", que ocuparía la tercera casa de la nueva aldea, optó por convertir su apodo en su apellido familiar: "Grosse Cordt", el "del gran cordón". Pero estaban también los "Meyer" y sus diversas variantes, y los "Nobbe", los "Ortmann" y todos los otros mencionados en la recordada reunión con el Obispo de Minden.

Dotados, pues, de algo novedoso, moderno si se quiere, los pioneros, primero tres, luego catorce, después hasta cincuenta, inscribieron sus nombres en los registros de la nueva Parroquia, dependiente de la "ministerialidad" de Minden.

Siguiendo su ejemplo, afluyeron muchas otras parejas para establecerse en nuevos poblados: Stemhorn, Dielingen, Brochum, Lemforde.

Lo mismo estaba ocurriendo por aquel entonces al otro lado del monte Stemwoder, en el valle que se extendía hasta el río Rohe. Jóvenes aventureros como ellos, encomendando sus vidas a señores y obispos de la región, habían llegado a esas tierras y habían desplazado a los huidizos sajones, estableciéndose en las abandonadas aldeas: Oppenwehe, Oppendorf, Wehden

El Monasterio de Levern impuso su dominio en esa

zona. Y obligó a los nuevos pobladores a registrar sus respectivos nombres. La mayoría se identificó como **Meyer**, porque ese fue el nombre que le dieron a las granjas asignadas en calidad de "feudos".

Pero, ¿qué ocurría más allá de los estrechos límites de esos dos valles extendidos a uno y otro lado del monte Stemwoder?

La modernización del mundo se hacía presente en todos los órdenes de la vida. El Sacro Imperio Romano Germánico, ese que con tanta ilusión había establecido aquel Carlomagno que los jóvenes pobladores traían impreso en la memoria familiar, se había transformado en una vasta empresa universal "en cuyos dominios no se pone el sol". Ya no era sólo Europa, ahora eran también las tierras recién descubiertas en un nuevo continente no imaginado, al que llamaban "las Indias", junto a muchas otras, lo que le estaba sometido. Y a la cabeza de ese Imperio estaba un joven de raigambre germánica, como ellos, nacido en el cercano Flandes, ese que no pudieron visitar sus antecesores familiares a causa de una moneda lanzada al azar.

(Ese "joven de raigambre germánica" venía siendo el personaje histórico conocido como Carlos V, a quien podríamos considerar como un símbolo de esa Edad Moderna que entonces estaba iniciándose. Había nacido, efectivamente, en Flandes, en una pequeña población llamada Gante, aledaña a la gran Bruselas. Era hijo de Felipe de Haupsburgo, llamado "el Hermoso", y de Juana de Castilla, a quien llamarían "la Loca". Aquél, a su vez, era hijo del Emperador —Sacro Imperio Romano Germánico— Maximiliano, mientras aquélla venía siendo hija de los Reyes —de España— Fernando de Aragón e Isabel de Castilla. A la muerte de su abuela española, Carlos fue proclamado Rey de España con el nombre de Carlos I, y tras la desaparición de su abuelo austríaco logró que lo eligieran Emperador, pasando a llamarse Carlos V. Ambos logros fueron el resultado de sucesivas maquinaciones "modernas". Gracias a las intrigas palaciegas desplazó primero a su hermano mayor Fernando para obtener el trono de una España que no conocía, y basado en el financiamiento de los banqueros alemanes logró comprar el voto de los Electores para sentarse en el más codiciado trono de entonces, el del Sacro Imperio. El "espíritu moderno" le llevó, por un lado, a dar "en concesión", para que fuese conquistado y poblado, un extenso territorio del recién descubierto continente heredado de sus abuelos españoles a los banqueros Welser. Se trataba de lo que se conocería como Venezuela. Y, por otro lado, a tratar de contener, primero por las buenas y luego resueltamente por las malas, la rebelión político-religiosa iniciada en Alemania por Martín Lutero, tratando de hacer uso de las enseñanzas de sus preceptores, los muy modernos Erasmo de Rotterdam y Adriano de Utrech).

—¿Modernización? ¿Cambio de vida? —inquirió el hombre "del cordón" cuando oyó a su compañero "el ciervo" disertar sobre los acontecimientos del mundo aquella tarde en la que compartían unas jarras de la cerveza que habían conseguido en esos días.

—Sí, parece que eso es lo que está planteado en todas partes ahora —repuso el aludido.

—Y eso es justamente lo que yo les propongo —replicó **Cordt**—. Que nos "modernicemos", para usar la dichosa palabra que tanto parece gustarles. Que cambiemos de vida, que dejemos de ser simples campesinos, que no nos contentemos con recolectar a tiempo lo que hemos sembrado, como venimos haciendo hasta ahora. Que demos un paso adelante, que aumentemos nuestra producción, que busquemos mercados para nuestros productos, que los coloquemos precisamente en ese Flandes que acaba de mencionar Friedrich, donde según he oído se desarrolla una impresionante actividad de intercambio de productos de todos los confines del mundo.

Cordt les explicó a sus compañeros de mesa que al menos en dos ciudades del cercano país de Flandes, en Brugges (o Brujas) y en Amberes, según las noticias que había recibido, se había establecido un nuevo mecanismo de intercambio, conocido como "Bolsa" y se había resuelto formar parte de una red comercial denominada "Hansa", cuyo objetivo es activar el comercio con el mundo entero.

—¡Claro! —intervino "el despierto"—. También Colonia forma parte de esa Hansa que mencionáis. El ser puerto sobre el río Rin, al igual que Amberes, facilita esa actividad comercial.

(La **Hansa**, en realidad, era algo así como un gremio de mercaderes, especialmente marítimos, constituido en diversas ciudades del norte de Alemania, a partir de Lübeck y Hamburgo, para comerciar en el mar Báltico, importando pieles y pescado salado a cambio de cereales y otros productos agrícolas. El establecimiento se extendió a otras ciudades y se estableció una relación de cooperación y defensa mutua, denominada **Liga Hanseática**, a la que se incorporaron muchas otras ciudades y puertos, para contrarrestar la amenaza de los piratas del norte y ampliar las operaciones comerciales a otras zonas, incluyendo Inglaterra y el Mediterráneo).

Hillen Cordt, Friedrich Buck y Mathias Schwake, los tres pioneros de Quernheim, identificados ahora así, con nombre y apellido, acordaron aquella tarde de cerveza y salchicha, iniciar una nueva transformación histórica, un nuevo paso en la modernización de su entorno. Por una parte, intensificarían la siembra de lino, además del trigo y la cebada que ya eran tradicionales, y comenzarían a producir hilos que se transformarían en tejidos y luego se convertirían en telas, que a su tiempo servirían para hacer vestidos. Pero, lo más importante, irían a aquellas ciudades flamencas a establecer los contactos necesarios para asegurar la venta de sus productos por medio de las Bolsas y demás mecanismos establecidos por la Hansa. Pensaban en comerciar con ciudades de Inglaterra y con Venecia en el Mediterráneo.

—Bueno, bueno, mis queridos señores —dijo entonces una mujer rubia y gruesa que se asomó a la puerta del salón—. Ya les tenemos lista una rica sopa de espárragos, que queremos que disfruten con nosotras. La hicimos con los espárragos recogidos ayer en nuestra huerta...

Pasaron, pues, al comedor, donde les esperaban ya las humeantes escudillas llenas con la sopa recién hecha por las esposas de los tres conversadores de aquella tarde.

—Pues sí —repuso Hillen—. Tengo entendido que en toda Europa se han ido consolidando, por la modernización, diversos reinos que se pueden calificar como "nacionales": España, Inglaterra, Portugal, Francia, Rusia... Entre nosotros, en cambio, tenemos un llamado Imperio, que no se sabe dónde reina, que intenta superponerse a los demás y no tiene dominio propio, que se dice "romano" y al mismo tiempo "germánico", sin gobernar a Roma y menos a esta Alemania donde vivimos, en la que hay más de trescientos gobiernos autónomos e independientes.

—Lo nuestro, lo que sabemos hacer y lo que debemos continuar haciendo, como les dije antes, es producir y vender, comerciar, aprovechar las nuevas costumbres y los nuevos oficios. ¡Esa es la modernización! ¡Ese es el camino para crecer todos y cada uno de nosotros!

(Estos tres "pioneros" de Quernheim venían a ser

los herederos biológicos de aquellos tres jóvenes que salieron una tarde de Aquisgrán, a comienzos del siglo IX, para buscar ubicación en las tierras que se extendían al norte del Rin. Varias generaciones se sucedieron desde entonces, estimemos al menos tres por cada siglo. Ahora, en el siglo XVI, ya comienzan a transitar los caminos de la historia, ya empiezan a tener apellidos, ya van apareciendo en los registros, en los asientos notariales, en los libros que llevan las parroquias: son, ahora sí, protagonistas de los cambios, de los muchos y variados cambios en que consiste la vida humana, hecho biológico, sí, pero también suceso histórico. Ese **Hillen** que asume funciones de líder en la Quernheim de comienzos del siglo XVII, es el descendiente biológico de aquel **Heinrich** del 900. Pero ya no será "el gordo del cordón", sino un hombre apellidado **Cordt**, como **Friedrich** no es simplemente "el ciervo", sino una persona de apellido **Buck**, y Mathias no es el "despierto", sino el individuo registrado como **Schawake**. Esa es la historia, que consiste en un registro de cambios.

Con el correr de los años, el apellido **Cordt**, "el cordón", se transformará en **Grosse Cordt**, no ya "el gordo del cordón", sino "el gran cordón", y luego **Grossecordt, Grossecoors**, finalmente **Grooscors**, sin significado descriptivo, auténtica identidad familiar, en un proceso similar al que también vivirán los otros protagonistas de nuestra historia).

La vida, la biología, sí, pero también la historia, siguió su curso, los proyectos fueron tomando forma, la aldea fue ampliándose, llenándose de nuevos pobladores. A los tres pioneros ya identificados se agregaron ahora otros matrimonios de jóvenes emprendedores, venidos algunos de Osnabrück o de Minden, pero también de Münster y de Bremen o de las vecinas aldeas de Oppendorf y Oppenwehe. Habrá ahora muchos identificados como *Meyer*, algunos con variantes, como *Clausmeyer, Backmeyer y Wehmeyer*, otros como *Angelbeck, Ortmann, Westenberg, Reue y Schäfer*, mostrando así sus diversos orígenes, procedencias y linajes.

De pronto, sin embargo, ese curso progresivo de la vida en aquel Quernheim que crecía con placidez campesina, tuvo un giro inesperado. Comenzaron a llegar decenas de gentes que venían, presurosas, de más allá, de las ciudades ribereñas del Rin, de Colonia, de Frankfurt, de la región de Baviera.

Los Krämer, Nüssmann. Pötcker. Hülsing, Kohring, Dinkelmann, Feldmann, Lessmann, Armenhaus, Wiegmann, Eikenhorst, fueron algunos de los nuevos pobladores que empezaron a asentarse ahora en la ciudad, que experimentó un crecimiento extraordinario.

—Se los dije —exclamó Hillen la tarde en que se encontró con sus otros dos compañeros—. La religión y la política sólo traen enredos, confusión y tragedias. Pero, les propongo una cosa: organicemos nuestra ciudad, establezcamos nuestro propio sistema de convivencia, nuestras normas.

—Si lo diremos nosotros —dijo uno de los recién llegados—. Nos hemos venido a refugiar aquí, precisamente, porque por allá de donde venimos, en todas esas ciudades y pueblos del sur de Alemania ha estallado la guerra, sin saberse a ciencia cierta si es por la religión o por la política, o por las dos cosas.

—¿Cómo es eso? ¡Cuéntanos! —dijeron casi a coro los que formaban el grupo.

—Como lo oyen: ¡La guerra!, ¡la guerra! ¡Ejércitos combatiendo! ¡Gente perseguida! ¡Gente muriendo! Calvinistas contra católicos, primero. Luego austríacos contra bohemios. Y después españoles ayudando a los austríacos. Y luego los bávaros y los húngaros y todos los demás. ¿Por qué peleaban unos y otros? ¿La religión? ¿El poder? ¿Las propiedades?

Esa guerra de la que hablaban, angustiados, los recién llegados, se había iniciado, efectivamente, un día de 1618, en Praga, Bohemia, como una revuelta entre calvinistas y católicos, más por el dominio del poder que por disputas religiosas y se había generalizado luego por los diversos estados germanos del sur, implicando a los seguidores de Lutero, que eran objeto de persecución, y convirtiéndose en una lucha militar entre el Imperio, dominado por los austríacos y apoyado por los españoles, contra los rebeldes, especialmente bohemios.

La región del norte parecía estar a salvo de esa guerra y se convertía en refugio seguro para los desplazados y perseguidos. Quernheim y las demás pequeñas ciudades a uno y otro lado del Stemweder recibían a los nuevos pobladores, los incorporaban a las nuevas tareas, a las crecientes siembras y cosechas.

A poco, sin embargo, el azote de la guerra se asomó estrepitosamente a aquel hasta ahora plácido valle.

—¡Los palatinos! ¡El conde! —gritaron angustiados los que vieron aparecer las avanzadas militares desde un claro del monte Stemweder.

Una verdadera horda de gentes a caballo o a pie, armados con picas y lanzas y otros amenazantes instrumentos, a cuya cabeza estaba un hombre conocido como el conde Ernesto de Mansfeld, invadió y ocupó rápidamente los tres poblados contiguos de Dielingen, Lemförde y Quernheim. Venían dispuestos al pillaje, estaban autorizados a hacerlo en su condición de mercenarios, con una suerte de "patente de corso" que hacía del saqueo su arma principal. Impusieron una economía de guerra. Exigieron provisiones para el ejército: animales destazados, terneros, ovejas, pan, huevos, mantequilla, avena, cerveza y dinero en efectivo, en oro.

Era el "acabose" para aquellas poblaciones campesinas que empezaban a transformarse en ciudades, que apenas recién habían iniciado su proceso de modernización.

La guerra, sin embargo, sólo estaba comenzando. Los mercenarios del conde, una vez recogido su botín, siguieron su marcha hacia los Países Bajos, donde darían batalla a los tercios españoles, pero pronto llegaron a la región y ocuparon nuevamente los tres poblados las fuerzas imperiales, procedentes de Minden.

Después vinieron los suecos y se multiplicaron los combates y, más aún, la destrucción de los poblados. Y así hasta 1648, cuando en la vecina ciudad de Ostembrück se firmó la llamada Paz de Westfalia, que puso fin a la guerra.

Fue, sí, una cruda etapa de destrucción, pero, al mismo tiempo y tal vez por eso mismo, resultó ser la instancia de la construcción, de la afirmación, del afincamiento familiar de los descendientes de aquellos jóvenes fundadores de Quernheim.

—"Contribuciones para la guerra y represiones llevaron a muchas granjas al borde de la ruina económica" —consignó Johan Grote Cort, vale decir Grooscors, en un escrito presentado entonces a las autoridades de Lemförde para sustentar su solicitud de un crédito para reconstruir la casa familiar en la granja Nº 3 de Quernheim.

Reconstruyó, pues, su casa y, podríamos decir, reconstruyó también su vida, al igual que los demás pobladores de Quernheim. Intensificaron sus vínculos con Lamförde, que pasó a tener mayor importancia como centro administrativo y religioso, ahora luterano conforme a lo acordado en el documento suscrito en Ostembrück. Y afianzaron su condición de campesinos agregando un nuevo cultivo a los tradicionales: experimentaron la introducción de la papa, la patata, proveniente de las colonias españolas en América, llamada a convertirse en la base de la alimentación de los europeos, especialmente los del centro-norte.

Siguiendo con la historia de esta familia, nos encontramos con que el hijo de Johan, del mismo nombre, se casó con una joven de Lamförde y fijó allí su residencia. Y lo propio hizo el hijo de ese matrimonio, de nombre Herman, quien casó allí con Marlena. Luego vino Christoph Henrich, que aún escribía su apellido con dos palabras: Grosse Cordes, así como su hijo, Johann Gerd, que resolvió trasladarse a otra aldea vecina, Oppenwehe, al lado este de la montaña, ocupando la finca Nº 24.

Sería el hijo de Johann Gerd, bautizado en Lemförde como Johann Heinrich, el primero que uniría las palabras del apellido: Grossecoors, origen de la forma con que actualmente se conoce este apellido: **Grooscors**. Pero pudiéramos decir que a partir de entonces se empezó a hablar de "Los Grooscors". Se hacía referencia, sí, a aquellos campesinos que habitaban la casa Nº 3 en Quermheim, descendientes de los pioneros, que tenían vacas, cerdos y caballos en la antesala de la vivienda; ordeñaban todas las mañanas y empezaban a producir quesos y fabricaban algunos embutidos rústicos; pero que también comenzaron a cosechar el lino en las tierras aledañas y ensayaron la producción de hilos y tejidos de esa fibra. Y también a esos otros igualmente campesinos que vivían ahora en Oppenwehe, así como a los que se habían trasladado a Lemförde, tal vez con el escondido propósito de cambiar radicalmente de vida.

Johann Heinrich se casó, el 31 de agosto de 1761, en la Iglesia luterana de Lemförde, con su vecina de la granja Nª 4, Anne Dorothee Buck, procreando una larga descendencia: no se conoce el nombre del primer hijo, pero luego siguieron Catharina Margaretha, Johann Friedrich, Gerhard Heinrich, Margaretha Elisabeth, Johann Gerhard. Johann Hinrich y Johann Heinrich.

La casa Nº 3 de Quernheim seguía siendo la heredad y la base de la familia, pero los jóvenes Grooscors siempre andaban buscando otros horizontes. A veces estaban en Lamförde, a ratos en Brockum, o en Hüde o en Stemshorn, todos cerca, hasta pasar al otro lado del Stemweder y asentarse en la atractiva población de Dielingen.

No era un simple cambio de ubicación lo que buscaban. Era más que eso. Querían realizar los sueños de sus antepasados. Querían dejar de ser simples labriegos, cultivadores de lino o hiladores de tejido, ordeñadores de vacas y sembradores de papas, para convertirse en comerciantes e industriales y hasta en dirigentes comunitarios. Soñaban con ser verdaderos hanseáticos.

Historias parecidas podríamos contar en relación con los demás habitantes de Quernheim, así como de las demás aldeas de ambos lados del Stemweder. Labriegos sencillos todos, campesinos emprendedores unos y otros, devotos católicos antes, fervorosos luteranos ahora, cristianos siempre, soñadores ilusos, confiados en que un futuro mejor habría de llegar, más allá de las guerras y las penurias.

CAPÍTULO V

Sin Bremen no hay Paraíso

Y a desde 1631, cuando aún se mantenía aquella terrible guerra iniciada algunos años antes, en 1618, no se sabe bien por qué, los pobladores de Quernheim y de Brockum se habían desligado de la dependencia de Dielingen y en buena parte incluso de Minden y Osnabrück y habían ido consolidando su relación con Lamförde, mirando hacia el norte, hacia el lago o mar de Dümmer.

El norte y el mar determinarían su rumbo a partir de entonces. Paso a paso se irían desplazando. Marl primero, luego Hüde, Lembruch, siempre hacia el norte, olvidándose de la guerra y olvidándose, también, de las limitaciones y de los frenos.

El tiempo también tendría su marcha. En 1648 se acabó la guerra. Los sueños, ahora, tendrían posibilidad de hacerse realidad. El nuevo siglo se iluminaba con luminosos anuncios: el hombre podía decidir su propio destino con el uso de la razón, más allá de la predestinación y las obligaciones heredadas.

El siglo XVIII sería el Siglo de las Luces en esta Europa que buscaba, todavía, su verdadero rumbo y su auténtica orientación.

Johann Heinrich Grooscors, el último de los hijos de aquel otro del mismo nombre y de su vecina Anne Dorothee Buck, el que había construido el apellido, dejó no sólo Quernheim y Lenförde y los pueblos de la llanura del Dümmer, sino que se aventuró mucho más hacia el norte tratando de llegar al verdadero mar, el del espacio abierto, el que surcaban las naves de las ciudades hanseáticas, el llamado Mar del Norte.

Siempre teniendo a la vista, a su izquierda, el mar de Dümmer, Johann Heinrich siguió el camino que llevaba hacia el norte, cruzó el puente sobre el río Lohne y llegó, algunas horas después, a otro río, igualmente caudaloso, que supo que se denominaba Hunte, donde había un embarcadero. Haciendo memoria de lo que habían hecho sus antepasados, que no vacilaron en subirse a una de esas pequeñas naves fluviales, entonces las que surcaban el Rin, para buscar un desconocido destino, resolvió a su vez tomar la primera que iba a salir, hacia el noreste, según le informaron.

Navegando por el Hunte llegaron pronto a la confluencia con otro río, mucho más grande, que le informaron que se llamaba Weser y le dijeron que le llevaría con certeza hasta el mar. No fue largo el trayecto para llegar hasta la parte en la que el río comenzaba a ensancharse, indicación de que estaba próxima su desembocadura. Maravillado contempló cómo a uno y otro lado del río se erigían numerosas y coloridas casas, edificios, barracas, muelles, puentes, calles, solares, iglesias, todo ese conjunto variopinto que constituye una grande y verdadera ciudad: ¡había llegado, al fin, a Bremen!

¿Era Bremen el Paraíso soñado? Tal vez no. Pero sí parecía ser el lugar donde los sueños podrían comenzar a realizarse: dejar de ser simple labriego, convertirse en comerciante y quizás industrial, como lo insinuaba ese profesor escocés, Adam Smith; y dejar, también, de ser sumiso siervo de amos desconocidos y transformarse en hombre libre como lo predicaban aquellos escritores franceses Rousseau y Montesquieu y otros tantos.

Bremen bullía en inquietudes y atractivos. Johann Heinrich frecuenta cafés, fondas y tabernas; conoce nuevas bebidas como el chocolate, traído del nuevo continente por avezados viajeros, así como nuevos tipos de vinos y cervezas; saborea nuevas y desconocidas preparaciones culinarias; pero, también, establece nuevas y prometedoras relaciones tanto con gente de la ciudad como de muchos otros venidos de todas las latitudes de la tierra, gracias a la condición de puerto sobre el mar que tenía Bremenhaven, la prolongación de la ciudad.

Una tarde, en una de las ya habituales tertulias en uno de esos cafés de Bremen, Grooscors logra despertar el interés de algunos de los asistentes cuando les cuenta:

—Mi familia, allá en Quernheim, de donde vengo, es reconocida por la producción de hilados y tejidos de lino, que se cultiva mucho en la región.

—¿Lino? ¿Hilos y tejidos de lino? —pregunta al punto uno de los contertulios, apellidado Warncken, como se identificó luego.

—Sí, así es. Creo que tengo alguna muestra que podría enseñársela —respondió Johann Heinrich.

—No, no es necesario —volvió a hablar Warncken—. Sé que en esa región se produce un lino de excelente calidad y seguramente su familia sea uno de los grupos productores de ese tejido. Pero me interesa el tema porque yo también soy productor de otros tejidos, mucho más comerciales y por tanto más rentables.

—¿De qué se trata?

—De la lana y del algodón —dijo—. El lino, mi querido Johann, es, sin duda, un tejido muy noble y apreciado, pero es costoso y limitado. Pero hay algo más —agregó—. Sus tejidos de lino seguramente son hechos a mano, ¿verdad?

—Sí, claro....

—Pues ahora hay, y yo tengo uno, telares mecánicos. movidos a vapor, mucho más rápidos y más rendidores.

Johann Heinrich y Warncken salieron casi de inmediato a ver la hilandería mecánica que este último había instalado en el barrio Stephaniviertel, en la parte oeste de Bremen. No pasó mucho tiempo antes de que Grooscors se incorporara como socio a la empresa textil de Warncken, una de las primeras establecidas en el norte de Europa. Johann Heinrich, que era el "ultimogénito" (o "el Benjamín") de su familia, era, por eso mismo, el heredero de la fortuna familiar, conforme a la legislación local, por lo que no tuvo inconvenientes en hacer en efectivo el aporte requerido para el negocio. Johann Heinrich traía, además, cierta expertica en el tejido del lino, conforme al prestigio que su familia había tenido por años en esa materia en Quermheim. Pero ahora tenía que cambiar al manejo de otro material, la lana, que la empresa Warncken traía principalmente de Inglaterra.

A poco, Johann Heinrich, soltero y adinerado, en

sus flamantes 25 años, conoció a la hija de su socio, Warncken, de nombre Hedwig, de quien se enamoró y a quien propuso matrimonio, el cual se celebró el 10 de mayo de 1807, en la hermosa iglesia gótica de St. Stephan.

El matrimonio Grooscors Warncken estableció luego su hogar en la casa Nº 17 de la calle Geeren, que luego se transforma en la Langenstrasse, paralela a la Hinter der Mauer, que bordea el río Weser y está ubicada en la cercanía de los muelles.

¿Paraíso en la tierra? ¿Luna de miel feliz? ¿Prosperidad en los negocios? No tanto, no tan claro y resplandeciente. Johann Heinrich comenzó a inquietarse cuando fue enterándose de las noticias que le llegaban, especialmente las que leía en las *Gacetas* disponibles en el café, que cambiaban el optimismo que le envolvía desde que había llegado a Bremen a causa de los triunfos de su admirado Napoleón Bonaparte, al que había visto como el campeón de la libertad, el portavoz de los derechos de los pueblos proclamados por la Revolución. Napoleón, se decía, que había asumido a fines de 1799 todos los poderes en Francia, se había enfrentado con éxito a los imperios austríaco y ruso, había eliminado ese absurdo Sacro Imperio Romano Germánico, había impulsado la creación de la Confederación del Rin, de la que formaban parte los cercanos Ducados de Westfalia y Oldemburg, pero que, al parecer, no afectaba a Bremen, que se mantenía como ciudad libre, según lo aseguraba el Alcalde Johann Smidt.

El 16 de marzo de 1808 nació el primer hijo del matrimonio, que fue bautizado con el mismo nombre de su padre, Johann Heinrich, y al año siguiente, el 15 de noviembre de 1809, el segundo, bautizado como Hermann Heinrich. Un poco más tarde, en 1813, nació un tercer hijo, Arnold. Las fechas muestran una feliz regularidad en la vida del matrimonio en los tres primeros años y un posible distanciamiento o alguna interrupción en los años siguientes. ¿Qué podría haber pasado? La situación política parece dar la clave de la respuesta. Napoleón había comenzado a apretar el cerco. Ya su presencia en Alemania no era tan amistosa ni tan liberal como se pensaba. Osnabrück, ahora capital del condado de Westfalia, estaba ocupada por las tropas francesas y a su cabeza estaba un hermano de Napoleón de nombre Jerónimo. Oldembrück, al noroeste, era la capital de otro condado, igualmente "protegido" por Napoleón, desde el cual se dominaba Bremenhaven, la salida de Bremen al mar. El Emperador había ocupado todos los puertos del Mar de Norte para asegurar el Bloqueo contra Inglaterra. Incluso Bremen ya no era la ciudad libre que siempre se había proclamado, ahora era un Departamento francés, hasta con otro nombre: Bouches-du-Weser.

Johann Heinrich no lo pensó dos veces.

—Hedwig —dijo a su joven esposa—. Tú quedas a cargo de la casa. Yo voy a salir de viaje urgente. No lo digas ni lo comentes con nadie. Pienso ir al hogar de mis padres, donde yo nací, Quermheim.

Y acto seguido buscó una especie de maletín, una alforja de cuero de regular capacidad, en la que depositó cuidadosamente una cuantiosa suma de billetes y algunas monedas de oro, tomado todo de los fondos de la casa Warncken, el negocio familiar, que estaba a su cargo.

—Debo poner esto a buen recaudo —dijo—. Hay el riesgo de que los franceses embarguen nuestra fábrica, por considerarla relacionada con los ingleses, y utilicen nuestro dinero para financiar sus armas. ¡Adiós! ¡Ya tendrás noticias mías...!

Montó en su caballo y salió prestamente al galope rumbo al sur. Unos cuantos días, con sus noches, con sus dificultades, con sus sorpresas, tuvo que sortear Johann Heinrich en su presurosa cabalgata para, al fin, estar de vuelta entre los suyos, en Lemförde y Quernheim, que le acogieron con alegría, pero también con preocupación.

—¡Tranquilos, tranquilos! —les dijo cuando indagaron el motivo de su aparente fuga y de su también aparente acción delictiva—. Ni soy un ladrón ni estoy huyendo de la justicia. Sólo quiero proteger los recursos de la familia y del negocio mientras pasa la tormenta, porque estoy seguro de que pasará.

No fueron muy largos, realmente, los días de refugio y espera. Las noticias empezaron a llegar a las apartadas aldeas. Las monarquías derrocadas se habían coaligado contra Napoleón y contaban, especialmente, con la colaboración de Inglaterra. La guerra cundía por toda Europa. Y Napoleón fue finalmente derrotado en la batalla de Waterloo, muy cerca de allí, en el vecino Flandes.

Johann Heinrich regresó, pues, tan presuroso como había partido, a su casa en Bremen. Se reencontró con Hedwig y abrazó a sus hijos. Se reincorporó a la empresa textil y restituyó el dinero que se había llevado. Todo, al parecer, volvía a la normalidad. Bremen era nuevamente una ciudad libre. Bremenhaven era otra vez un puerto abierto, se había acabado el pretendido bloqueo ensayado por Napoleón, las mercaderías inglesas comenzaban a llegar, el libre comercio despejaba francamente su paso.

Recuperada la libertad, abiertas nuevamente las puertas del libre comercio, Johann Heinrich Grooscors, decide afrontar nuevos retos. Deseoso de ampliar sus actividades comerciales, sin abandonar la industria textil, que marchaba a satisfacción, emprende un nuevo negocio en otra rama que comienza a desarrollarse en Europa: la industria tabacalera. Con otro socio, emprende la fabricación de puros y cigarrillos, adquiriendo hojas de tabaco, un nuevo cultivo procedente del continente americano, como la papa y el cacao, que se convertía también en moda en Europa.

Ya para entonces los hijos de Johann Heinrich habían crecido: el mayor, de su mismo nombre, cumplía 28 años de edad; el segundo, Hermann Heinrich, exhibía sus gozosos 26 años; el menor, Arnold, andaba en sus 23.

Era el momento de incorporarlos a las actividades económicas, tal vez prepararlos para que se hiciesen cargo, en su momento, de las empresas familiares.

La renovada oferta de los textiles y la introducción de los nuevos productos tabacaleros son un buen pretexto para que los hijos acudan a las tertulias que se desarrollan en los salones y cafés de Bremen, donde llegan crecientes grupos de jóvenes, entusiasmados con el ambiente liberal que comienza a respirarse en la ciudad, leyendo hojas y gacetas, comentando los avances de un nuevo grupo, literario en principio, político a veces, reformador religioso a ratos: la "joven Alemania", el poeta Heine, Gutzkow, Börne entre otros.

Como ellos, otros jóvenes provenientes de Quernheim y de las otras localidades cercanas participan en unas y otras lides. Habían leído los Cuentos de los Hermanos Grimm y entre ellos les llamaba la atención el que contaba la historia fabulosa de "Los Músicos de Bremen". La **Markplatz** (Plaza del mercado), frente al medioeval edificio del **Rathaus** (Ayuntamiento), con aquella enorme estatua del **Roland** pregonando las bondades del libre mercado, son atractivos irresistibles.

La euforia del romanticismo, el ansia de libertad, de abrir nuevos caminos, de seguir la propia inspiración, de afirmar la fuerza y las posibilidades de cada quien, convierten a Bremen en un bullicioso centro de actividad febril que supera todas las limitaciones.

Los comerciantes buscan nuevos mercados para sus productos y buscan, al mismo tiempo, nuevos productos para comerciar. Tales búsquedas coinciden con las aspiraciones de aquellos jóvenes, que quieren conocer nuevos mundos, vivir desacostumbradas aventuras. Se inicia, así, el vasto movimiento de migración que llevará a centeneras, a millares de jóvenes a abordar los barcos que salen de **Bremenhaven** hacia el nuevo continente, hacia esa América que se acaba de abrir a la libertad, conquistada la independencia y rotos los lazos coloniales y que ofrece la oportunidad de participar en la construcción de lo radicalmente nuevo. Estados Unidos, la nueva república surgida de las antiguas colonias inglesas, es la primera atracción para aquellos jóvenes que se aglomeran en los muelles del puerto, que es a la vez salida del río y entrada al mar.

—¡Oigan, oigan…! —exclamó Grooscors en medio de la reunión de aquella tarde en el café donde habitualmente se encontraban—. Me acaba de llegar una Gaceta en la que se informa sobre una nueva edición de un libro escrito por un autor alemán, pero publicado en francés en París.

—¿Y? —inquirieron algunos, sorprendidos.
—Pues que en este libro se habla con entusiasmo y mucho detalle de otra región, de otros países del Nuevo Mundo tanto o más atractivos que aquel, como para pensar en emigrar, en ir en busca de nuevos mercados, nuevas aventuras y nuevos horizontes. Les

hablo de una obra escrita por un prusiano, el barón Alexander von Humboldt, titulada **"Viaje a las Regiones Equinocciales del Nuevo Continente"**, donde se hace referencia a colonias españolas que ahora ya se han independizado, ubicadas en la región tropical de aquel continente, dotadas de atractivas riquezas y extraordinarias oportunidades.

—Explícate... Dinos algo más concreto...

—Les diré: Humboldt cuenta el fabuloso viaje que hizo en compañía de un francés, Aimé Bompland, entre los años 1789 y 1804, en el que recorrieron los territorios de diversas colonias españolas situadas en la zona tórrida, entre los trópicos y la línea ecuatorial, que él denomina "regiones equinocciales", que él observa llena de riquezas naturales, con tierras muy fértiles, capaces de producir de todo y con poblaciones cultas y deseosas de un mejor porvenir, aventurándose a pronosticar su inminente independencia. De hecho, el relato de este viaje abarca unos trece volúmenes, que se han ido publicando en París, en francés, desde 1816 cuando apareció el primero según se informa, hasta hace pocos días cuando se publicó el más reciente, al que se refiere la Gaceta que recibí.

La información proporcionada por el joven Grooscors llamó de inmediato la atención de los concurrentes a la reunión, que salieron de allí, vivamente entusiasmados, a contarlo en sus casas y en sus círculos de relación.

Las principales casas comerciales de Bremen fueron

las más interesadas en aquellas informaciones, porque de inmediato advirtieron que las colonias referidas por Humboldt en la obra mencionada ya se habían independizado y se habían constituido en nuevas naciones con las cuales debían crearse nuevas relaciones comerciales. La nueva república de México, Centro América, Nueva Granada, Venezuela, y, más allá, Perú, Buenos Aires y Chile, atrajeron de inmediato la atención de los avisados comerciantes hanseáticos.

Se inició, así, en la década de los veinte, el movimiento migratorio hacia las regiones descritas por Humboldt, que se irá intensificando en las siguientes décadas, impulsado tanto por el atractivo de aquellos destinos como por los cambios que se iban operando en las condiciones de vida de los países europeos.

A Bremen llegan, por aquellos años, numerosos jóvenes provenientes de las ciudades y aldeas de las regiones cercanas: Hannover, Oldenbruk. Quernheim, Lanförde, Ostenwhere, etc.

Unos años más tarde veremos aparecer otro miembro de la familia Grooscors: **Hermann Hinrich**, hijo de Gerd Heinrich, quien residía en Lenförde y estaba casado con María Margarita Engel Hudste. Pronto se incorpora a las reuniones en los cafés y tabernas de la ciudad.

Aquella tarde el grupo resolvió reunirse en un sitio especial, tal vez para alguna celebración. La mejor bodega de vinos de Bremen y uno de los más afamados restaurantes de la ciudad.

—Este sitio está cargado de historia —comenzó a decirles el camarero cuando traía desde la bodega una botella de vino blanco—. Figúrense. Está abierto desde el año de 1405, hace ya más de 400 años y que han venido a comer, a beber, a divertirse, gobernantes, poetas, comerciantes.

Estaban, en efecto, en el **Bremen Ratskeller**, ubicado en los sótanos del edificio del Ayuntamiento, frente a la Plaza del Mercado, que en sus orígenes había servido de bodega central para la producción vinícola de la región, bajo el control del Ayuntamiento.

Entre los participantes en aquella celebración está un joven prusiano que había llegado hacía poco a Bremen para trabajar en otra empresa textil establecida en la ciudad, propiedad de un industrial renano y un socio holandés. El joven se llama **Friedrich Engels**, hijo del dueño de la fábrica. Su padre quiere que se familiarice con el trabajo de la empresa, que sepa cómo se maneja, que conozca los procesos de fabricación de los hilados y tejidos pero también su ulterior comercialización. Friedrich atenderá las instrucciones de su padre, desde luego, pero se interesará también, tal vez en mayor medida, por los planteamientos políticos y sociales que se hacen en aquellas reuniones donde se conversa con tanta animación.

—Los procesos de fabricación de unos y otros productos son importantes sin duda —comenzó a decir Engels—. Pero no sólo se trata del uso de nuevos inventos y tecnologías, sino también de mano de obra, del trabajo de gente, de personas...

Grooscors y Friedrich Engels coinciden en numerosas ocasiones en estas reuniones y, tal vez, conversan sobre temas y proyectos de interés para ambos. Prontamente, sin embargo, el joven Engels abandona la empresa de su padre y decide ir a Berlín, para estudiar en la Universidad, dice, pero también para cumplir con el Servicio Militar que el Imperio Prusiano había establecido como obligatorio para los súbditos alemanes.

Engels va después a Inglaterra, atendiendo a la solicitud de su padre, y trabaja un tiempo en las instalaciones textiles familiares, hasta que resuelve regresar a Alemania e ir a Colonia, donde coincide con otro joven, Karl Marx, encargado de una publicación, la Gazeta Renana, para la que comienza a escribir dando a conocer sus experiencias en la organización de los trabajadores.

Hermann Hinrich Grooscors, por su parte, se traslada a Bremenhaven, solicita un pasaporte y con esa identificación, acreditado como comerciante, sube a bordo del buque Albert y llega a Baltimore, en los Estados Unidos, el 20 de mayo de 1851.

Tal vez Bremen no sea "el Paraíso". Pero, al parecer, sí es el punto de apoyo para saltar a algunos de "los paraísos" con que sueñan aquellos alegres jóvenes: nuevas tierras, nuevos mundos, nuevos tratos, nuevas relaciones. En cualquier caso, nueva vida.

CAPÍTULO VI

Nuevo mundo, nueva vida

A quellos años a partir de la década de los 20 del siglo XIX, eran propicios para iniciar una nueva vida. En Europa se estaba viviendo un nuevo renacer, superados los desajustes políticos y sociales causados por la Revolución Francesa y su enfrentamiento al Antiguo Régimen. En todos los países se experimentaban cambios significativos. El liberalismo se imponía, tanto en lo político como en lo económico. Se creaban partidos y movimientos políticos que aspiraban desplazar del poder a quienes hasta ahora lo detentaban. Se generalizaba la institución parlamentaria y se multiplicaban los debates y discusiones. La adopción de nuevos modos de producción, el creciente uso de maquinarias y la instalación de factorías industriales, el cambio de ocupación de los campesinos que se convertían en obreros asalariados. Todo eso se amalgamaba con el desarrollo de un pensamiento positivo, optimista, pleno de ilusiones y de sueños, de esperanzas que se veían realizadas, de futuros que se percibía ya presentes.

La población crecía en todos los países de Europa y se pugnaba por abrir nuevos mercados, por establecer nuevas rutas comerciales, por vender más, por comprar más.

Las ciudades hanseáticas bullían de optimismo. Hamburgo y Bremen se convertían en los puertos preferidos para emprender la fantástica aventura de conquistar realmente el Nuevo Mundo. Atrás habían quedado las legendarias hazañas de España y Portugal, los descubridores y colonizadores de antaño, así como los desafíos mercantilistas de ingleses, francesas y holandeses, que habían intentado adueñarse del comercio y sus tesoros.

Ya no había colonias en América. Los Estados Unidos, en el norte del continente, habían iniciado con éxito la construcción del nuevo sistema político, la república, que desafiaba a las tradicionales monarquías, y trabajaban con entusiasmo en su propia expansión, recibiendo con beneplácito a cuantos quisieran radicarse en sus tierras y cimentar en ellas su libre y promisor porvenir. Las antiguas colonias hispanas, desde México hasta la Patagonia, ya eran libres, culminadas las cruentas guerras de emancipación, y se aprestaban no sólo a estructurar sus nuevos regímenes políticos, también de signo republicano, sino a desarrollar sus propias economías, comerciando con quien quisieran, produciendo todo cuanto pudieran, desarrollando todas sus riquezas y potencialidades.

Los sueños y las predicciones de Humboldt habían comenzado a hacerse realidad.

Las casas comerciales, con sentido práctico, se aprestaban a dar los primeros pasos. La cancelación del monopolio español como consecuencia de la independencia de las colonias dejaba el camino abierto para competir, sin restricciones, con los holandeses y franceses, hasta ahora traficantes piratas en aquellos territorios. Tan pronto como en 1822, la **Casa Strohm**, una de las más importantes firmas de Bremen, envió a uno de sus factores, el hijo mayor del dueño de la empresa, de nombre Johann Friedrich, para establecer una agencia de la firma en La Guaira, en Venezuela, y en Baltimore, en los Estados Unidos.

Hamburgo no se queda atrás. Por aquellos años sus comerciantes inician también operaciones en los puertos de las regiones equinocciales del nuevo continente, al punto de que ya en el año 1827 se abre en La Guaira el Consulado de esa ciudad, a cuyo frente aparecerá un ciudadano alemán de nombre Georg Grumlich.

Dos años después, se instalará en Angostura, puerto sobre el río Orinoco, un joven originario de Lübeck, de nombre **Georg Blohm**, entonces de 28 años de edad, que se asocia con el veronés Juan Bautista Dalla Costa, para iniciar operaciones comerciales en la zona. En 1834 Blohm se separa de la empresa y al año siguiente se instala en La Guaira, en lo que será el inicio de la empresa que llevará su nombre, **Casa Blohm**, llamada a perdurar a través de varios siglos.

El movimiento migratorio y comercial desde Bremen y Hamburgo con destino al nuevo continente, a los puertos de Estados Unidos y México al norte, de Centro América, de Venezuela, de Brasil, de Buenos Aires e incluso Chile, al sur de la región, se intensifica y consolida. Hacia 1830, un pionero alemán, Jorge Stiepel, oriundo de Hannover, llegó a Costa Rica y estableció una plantación experimental de café, logrando exportar algunos quintales a Chile, en lo que sería el inicio del comercio cafetalero en el país. En el puerto venezolano de La Guaira se instalan por aquellos años numerosos comerciantes procedentes de las ciudades hanseáticas: Karl Förste, Reiken, Gustav J. Vollmer, Pardo, Brandt, Mayer, Johann Haycken, A. Teidsen.

Gustav Julius Vollmer, llegado a La Guaira en 1826 procedente de Hamburgo, estaba llamado a hacer

historia en Venezuela. Decidido a radicarse definitivamente en el país, no sólo establece contacto con
otros comerciantes alemanes radicados en el puerto
e inicia de inmediato operaciones comerciales, sino
que se vincula con importantes familias venezolanas,
entre las que conoce a una joven, **Francisca Ribas y
Palacios**, con la que contrae matrimonio. Francisca
era sobrina del General José Félix Ribas, el héroe de la
batalla de La Victoria, y prima de Simón Bolívar. Pero,
además, había sido la única sobreviviente de la familia después que el General español José Tomás Boves,
en el año terrible de 1814, en su paso hacia Caracas,
asoló los valles de Aragua, donde estaba ubicada la
Hacienda Santa Teresa, propiedad de la familia. **Pan-
chita**, como se la conocía, había sobrevivido gracias a
la habilidad de una esclava liberta que pagó por ella
siete pesos macuquinos al soldado que la había raptado
y la llevó a la hacienda Sabana Larga en Cagua, donde
se mantuvo hasta el final de la Guerra de Independencia, en 1821. (Será el hijo, Gustavo Julio Vollmer Ribas,
quien en 1885 comprará la Hacienda, famosa por la
fabricación del Ron Santa Teresa desde 1795; desde
la ciudad de Colonia, en Alemania, lleva un moderno
alambique industrial para sustituir el rústico artesa-
nal que utilizaba el Marqués del Toro para destilar el
ron con que agasajaba a sus amigos).

Será a mediados de 1835 cuando llegue a La Guaira
el joven **Hermann Heinrich Grooscors**, aquel a quien
habíamos visto compartir sus lecturas sobre los viajes
de Humboldt en alguna alegre tertulia en un café de

Bremen.

Grooscors toma en Bremen un barco, el Brig Flag, que tiene como destino New York, en los Estados Unidos, que hará escala en La Guaira, Venezuela. En este puerto abordan el buque varios pasajeros venezolanos y un neogranadino, que también viajan a New York. La mayoría son comerciantes: José Antonio Ponce, Vicente Michelena, Julián Santa María. Pero también va un personaje que se identifica simplemente como "impresor". Su nombre es Valentín Espinal. No es simplemente un impresor. Es, como lo calificarán posteriormente los estudiosos de la historia del país, el verdadero creador del arte tipográfico de Venezuela. Pero, además, tiene una definida significación política: respaldó la presidencia civil del doctor José María Vargas, depuesto por una asonada militar y luego formó parte del grupo fundador del Partido Liberal, opuesto a los Conservadores que respaldaban al General José Antonio Páez. Este viaje, pues, representa para Espinal el inicio de un primer exilio, un tanto disimulado con gestiones relacionadas con la imprenta. Durante la travesía, Grooscors entra en relación tanto con los comerciantes como con Espinal, lo que le permite formarse una idea de la situación política y las perspectivas económicas de Venezuela. Resuelve seguir a bordo en el viaje de vuelta, que le lleva a la isla de Saint Thomas y a Falmouth, en Inglaterra, retornando poco después a La Guaira, donde desembarca.

Ante las autoridades de Aduana instaladas en la vieja casona de la Compañía Guipuzcoana, frente a los muelles del puerto de La Guaira, el joven se identifica como **Henrique Grooscors**, natural de Bremen. Muy pronto se incorpora a la empresa Tedsen, Reinken & Co. que, entre otras cosas, se ocupa de asuntos financieros.

Cuando, a fines de 1837 muere Albert Tedsen la firma se disuelve y Henrique Grooscors se asocia con Rudolph Reinken para crear una nueva empresa, registrada, en enero de 1838, con el nombre de **Reinken, Grooscors & Co.**

El intercambio comercial ente Venezuela y Europa experimentó un visible desarrollo por esos años, lo que llevó a la firma a interesarse en la intermediación de operaciones de importación y exportación y en la atención de los barcos comerciales europeos que tocaban en La Guaira con esos fines.

Fue así cómo le correspondió a la empresa relacionarse con un hecho de singular significación histórica para Venezuela: el nacimiento de la **Colonia Tovar**, una ciudad creada con colonos alemanes en el interior del país, que todavía subsiste con originales características. En efecto, el 4 de marzo de 1843 llegó al puerto de La Guaira el buque francés Clemence, que había partido de Le Havre dos meses antes con un extraordinario cargamento humano: 239 hombres y 150 mujeres, procedentes todos de Kaiserstuhl y Endingen, ciudades del Gran Ducado de Baden. Los pasajeros no habrían de desembarcar en La Guaira, pero este era el primer puerto venezolano que tocaba en su trayectoria, antes de llegar al destino previsto, por lo que era necesario cumplir con algunos trámites aduaneros. A Henrique Grooscors le correspondió acudir, a nombre de la firma de la que formaba parte, al puerto y subir a bordo del barco para formalizar ante las autoridades de Aduana aquellos trámites. El barco permaneció fondeado en la rada de La Guaira y no fue sino varios días después cuando, cumplidos esos trámites, el Clemence pudo zarpar de nuevo para dirigirse, rumbo al oeste, hacia las costas de Aragua, atracando finalmente en el puerto de Choroní, el 31 de marzo, donde desembarcaron los pasajeros, que fueron prontamente transportados por carretera hasta Maracay y desde allí hasta La Victoria, donde fueron recibidos por el entonces presidente General Carlos Soublette. Allí se organiza el difícil viaje de ascenso a las montañosas tierras que habían sido donadas por el Conde de Tovar para el alojamiento y radicación del grupo, que se conocían como el Palmar del Tuy, donde, a partir del 8 de abril de 1843, se desarrollaría el experimento que desde entonces se conoce como **Colonia Tovar**. Pero eso ya es otra historia, que forma parte de la Historia de Venezuela, que no vamos a desarrollar ahora.

Y volvamos a lo que veníamos contando. La firma Grooscors & Reinken se mantiene activa, desarrollando sus negocios financieros y aduanales, algunos años más, hasta mediados de 1846, cuando Reinken decide separarse de la sociedad y resuelve retornar a Bremen.

Es entonces cuando Grooscors resuelve hacer realidad sus más preciados propósitos orientados a consolidar lo que definía como un "trasplante existencial". En primer término, vincularse definitivamente con su nueva patria, Venezuela, por la vía del matrimonio con una venezolana. Y en segundo lugar, establecerse por su cuenta como empresario comercial.

Aquella tarde salió presuroso hacia las empinadas callejuelas de La Guaira y llegó a la casa de la ventana con claveles que ya había visitado en otras oportunidades.

—¡Concha! ¡Conchita! —llamó.

Y apareció una veinteañera de vivaces ojos negros, larga y sedosa cabellera recogida en moño y coronada con una peineta de carey, asomada sonriente a la ventana.

—Concha —dijo Henrique—, quiero proponerte dos cosas: una, la primera, la más importante: quiero que seas mi esposa, que nos casemos tan pronto como sea posible y que una vez casados nos vayamos de viaje y establezcamos nuestra casa en otra ciudad, tal vez en Valencia, a donde se han ido ya algunos amigos míos.

A María Concepción Martínez —para identificarla con su nombre de pila— no le tomaron por sorpresa las proposiciones de Grooscors, puesto que ya tenían algún tiempo de relación amorosa desde que se conocieron una mañana en la Misa en la Iglesia de La Guaira.

Ella era nieta de un comerciante español, canario,

y su padre era funcionario de la Aduana de La Guaira en tanto que su madre era una guaireña integrante de una familia tradicional de la ciudad.

Obtenido el consentimiento de los padres, Henrique y Concha contrajeron formalmente matrimonio en la Iglesia Parroquial de La Guaira y de inmediato abordaron una goleta de pasajeros que los llevó en un corto viaje hasta Puerto Cabello donde pasaron los primeros días de su luna de miel.

Ahí conocieron a algunos comerciantes de origen alemán ya establecidos: Kolster, Gramcko, que le hicieron propuestas de sociedad a Grooscors. Ya él, sin embargo, estaba decidido a seguir hacia Valencia y establecerse allí. Había tenido relación con algunos comerciantes alemanes que ya operaban en esa ciudad y podrían ayudarle en el desarrollo de los negocios que aspiraba emprender.

El matrimonio Grooscors Martínez se establece, efectivamente, en Valencia. Y se inicia en firme el proceso de "trasplante" del apellido Grooscors. El viaje existencial iniciado en la pequeña ciudad alemana de Quernheim y continuado en Bremen, había saltado hasta La Guaira en Venezuela y ahora se radicaba en Valencia para emprender, como apellido de venezolanos, una nueva aventura.

En Valencia nacerán los primeros Grooscors venezolanos, los Grooscors Martínez. Una mujer, Emilia, y un hombre, Henrique.

Los jóvenes Grooscors Martínez se relacionan con la cerrada y reducida sociedad valenciana de la época, lo que les llevará a frecuentar, entre otras. a la familia Páez Reverón. Y terminarán casándose con dos hermanos: Emilia con Rafael y Henrique con Isabel.

Hijo de Rafael Páez Reverón y Emilia Grooscors Martínez será Rafael Páez Grooscors que pronto inicia actividades comerciales en Valencia y entra en sociedad con el general Ramón Tello Mendoza, también residente en Valencia. En el desarrollo de sus actividades, la sociedad decide involucrarse en el para entonces novedoso proceso de industrializar un cultivo que entonces estaba en auge como producto de exportación: el café. Y se convertirán así en pioneros de esa industria en Venezuela y América Latina. Adquieren una finca en las cercanías de Duaca, en el vecino Estado Lara, donde ya se cosechaba café, y resuelven instalar lo que entonces se conocía como "oficina" para beneficiar dicho producto. Registran el procedimiento, que requería el uso de centrales de vapor y obtienen del Gobierno nacional, a través del Ministerio de Fomento, la concesión del derecho exclusivo para montar esas "oficinas, con todos los perfeccionamientos inventados últimamente para esta industria...en todos aquellos puntos cafeteros de dicho Estado que por su producción lo ameriten", tal como en reza el documento suscrito y registrado el 30 de agosto de 1887.

Por su parte, Henrique Grooscors Martínez, casado, como se ha indicado, con Isabel Páez Reverón, se dedicará también al desarrollo de operaciones comerciales. Y a lo mismo se dedicará el primer hijo de ese matrimonio, bautizado como Lino Julio del Socorro Grooscors Páez (que después firmará sólo como **Julio Grooscors** o Julio Grooscors Páez), nacido el 23 de septiembre de 1872.

La descendencia del matrimonio Grooscors Páez continuará con cuatro mujeres. Son, primero, Enriqueta e Isabel, que permanecerán solteras hasta muy avanzada edad, residiendo hasta muy entrado el siglo XX en una casona de amplios patios en el barrio La Guacamaya de Valencia. Luego Josefina, que se casará con Pablo Bolaños, y Ernestina, que contraerá matrimonio con Carlos Vicente Rivero, dando inicio a la rama Bolaños Grooscors y Rivero Grooscors, respectivamente, ambas de amplio desarrollo en Venezuela.

Julio Grooscors Páez contrae matrimonio con Josefa Campo Dolande, descendiente del general Joaquín de María Campo, que se había distinguido en la Batalla de Ayacucho bajo las órdenes del Mariscal Antonio José de Sucre. Hijos de este matrimonio serán Enrique (nacido en 1882), Julio (1899) y Nicanor (1902).

El siglo XIX estaba llegando a su final. Era un momento de optimismo, de ilusiones. A nivel mundial se consideraba que se había consolidado la paz, que ya no habría guerras entre las naciones y que el mundo avanzaba confiado sobre la base del indetenible desarrollo científico y tecnológico. En Venezuela se creía que se había superado también la etapa de las contiendas intestinas tras la terminación de la Guerra Federal, "la guerra larga", y el dominio que había ejercido el doctor y general Antonio Guzmán Blanco, el "autócrata civilizador".

En ese ambiente de optimismo general, Julio Grooscors Páez consolida sus actividades comerciales, desarrolla un próspero negocio de importación y exportación, que comparte con incipientes aficiones literarias y el apoyo a escritores y poetas como Elías Calixto Pompa, contribuyendo al financiamiento de la edición de la obra que éste logra imprimir en Nueva York, donde vivía exiliado, en 1872, titulada simplemente "Versos", que por cierto incluye tres sonetos, Estudia, Trabaja, Descansa, que luego recitarían en las escuelas muchas generaciones de venezolanos.

Pero antes de cerrar esta relación debemos retroceder un poco, dar marcha atrás unos años en este recorrido, para recordar la referencia que hacíamos al final del capítulo anterior a un primo de Herman Heinrich (o Henrique) Grooscors Warncken, el abuelo alemán de Julio Grooscors Páez, el que dio inicio al establecimiento del apellido Grooscors en Venezuela. Ese primo, como decíamos, tenía un nombre casi idéntico, **Hermann Hinrich**, nacido en Quernheim en 1814 y trasladado a Bremen, donde se relacionó, al menos en una tertulia de café, con Federico Engels. Luego de desembarcar, Grooscors se radica de inmediato en Baltimore para abrir operaciones comerciales y poco tiempo después, como para confirmar su deseo de hacerse ciudadano del nuevo país, contrae matrimonio con una norteamericana, Mary Amstrong Poore. En 1856 nace Dudley Henry, el primer hijo, a quien siguen Edward (1860) y Agnes (1865).

Ese matrimonio y la procreación de esa descendencia no son motivo de extrañeza, ciertamente, a no ser por el hecho de que la presencia de esos Grooscors en los Estados Unidos no pasó más allá de esa generación, que terminó a mediados del siglo siguiente, en 1944, cuando murieron los últimos vástagos de aquella pareja, en la pequeña población de Pinillas, en Florida.

Lo notable, en realidad, fue que, según lo que aparece en la Biblioteca del Congreso de los Estados Unidos, en 1864, llegó al Presidente Abraham Lincoln una larga comunicación, fechada en Baltimore y suscrita por H. Grooscors, identificado como de profesión Contador, en la que se le propone un plan de recolección pública de fondos que estarían destinados a la creación y desarrollo de una institución, que habría de denominarse "la Casa del Soldado", cuyo objetivo debería ser asegurar la necesaria asistencia a los soldados que habían quedado inválidos como consecuencia de la recién finalizada Guerra de Secesión que enfrentó a los Estados del Norte con los del Sur.

No hay constancia de que el presidente Lincoln haya dado alguna respuesta a la proposición formulada por H. Grooscors, aunque al año siguiente el presidente presentó al Congreso de la Unión un Proyecto que recogía casi íntegramente el Plan propuesto, que se discutió, aprobó y ejecutó en los años subsiguientes.

CAPÍTULO VII

*Crecimiento y desarrollo
en un confuso siglo XX*

E l último año del siglo XIX fue, realmente, el inicio del siglo XX. Y fue el comienzo de las confusiones generalizadas que caracterizarían a éste. Para muestra, un botón: el 23 de mayo de aquel año que debería marcar el fin del siglo se produce en la lejana frontera colombo-venezolana, en el apartado

Estado Táchira, una entrada irregular de un grupo armado salido de la ciudad de Cúcuta, que se conocerá como "la invasión de los sesenta", unos sesenta hombres, mayoritariamente tachirenses, comandados por dos exiliados venezolanos, Cipriano Castro y Juan Vicente Gómez, que identificarán al movimiento como Revolución Liberal Restauradora.

¿Qué pretendían restaurar los invasores? ¿El calificativo de "liberal" con que se autodenominaban constituía una definición política o era una simple referencia histórica? De inicio no hubo respuesta. Sólo se podía constatar que se trataba de la incorporación de un nuevo grupo nacional, "los andinos", a la dirección del país, hasta entonces dominada por los "centrales" y los "llaneros".

Entretanto, el país, escasamente poblado, continuaba viviendo su estilo predominantemente rural, dedicado a la producción agrícola y ganadera, creciendo la producción de café (Venezuela era, para aquellos años el segundo productor mundial, detrás de Brasil) y de cueros de ganado. El comercio de importación y exportación completaba la actividad económica.

Julio Grooscors Páez dedicó sus esfuerzos a unas y otras actividades. No siendo realmente productor de café, aprovechó, sin embargo, sus obvias relaciones con su primo Rafael Páez Grooscors para contactar a los caficultores del Estado Lara y obtener de ellos buenas cuotas del grano para organizar un floreciente comercio de exportación desde el vecino Puerto Cabello con destino a diferentes países de Europa, especialmente Inglaterra e Italia.

Muy pronto, apenas comenzando el nuevo siglo, las cosas se complicaron. Pese a los buenos propósitos manifestados por los nuevos gobernantes, la proliferación de caudillos regionales y las diversas facciones que se disputaban la posibilidad de dirigir el país entraron en ebullición y ya en 1901 se hace presente un nuevo movimiento, la llamada Revolución Libertadora, dirigida por el banquero Manuel Antonio Matos, con apoyo del consorcio norteamericano propietario de la empresa The New York and Bermudez Company, que había obtenido en 1883 una concesión para la explotación del lago de asfalto de Guanoco, en el oriente de Venezuela, reputado como el más grande depósito natural del mundo de esa sustancia y el gobierno de Castro suspendió dicha concesión. Con ese financiamiento, Matos compró en Europa el vapor Ban-Right, que rebautizó con el nombre de "Libertador", invadiendo a Venezuela desde la vecina isla de Trinidad.

La caída de los precios del café en los mercados internacionales aumentó las complicaciones. El gobierno se ve obligado a enfrentar ambas amenazas. Se moviliza militarmente contra los invasores y decreta la suspensión del pago de la deuda externa para utilizar mejor los escasos recursos financieros con que cuenta.

En lo militar, logra derrotar a los invasores con

dos grandes batallas, la de La Victoria y la de Ciudad Bolívar, ésta comandada por el vicepresidente Gómez. Pero casi coincidiendo con la primera se produce la reclamación de Inglaterra y Alemania por la suspensión del pago, reclamación que es rechazada por el gobierno venezolano. De inmediato, Inglaterra y Alemania movilizan barcos de guerra, que se sitúan frente a los puertos de La Guaira y Puerto Cabello y la Isla de San Carlos, atacan y hunden los escasos buques de guerra de Venezuela y disparan sus cañones contra una y otra ciudad. A poco, otros países europeos, Francia, Países Bajos, Bélgica y España, además de los Estados Unidos, se unen a Inglaterra y Alemania para incluir sus respectivas reclamaciones en la acción bélica iniciada.

El presidente Castro reacciona con una proclama de fervor nacionalista:

—*"La planta insolente del extranjero ha hollado el sagrado suelo de la patria..."*

Convoca a los caudillos opositores y llama a la formación de un frente de unidad nacional. Logra, al menos, traer a sus filas a uno de los opositores, el *Mocho* Hernández, a quien incorpora a su Gabinete nombrándolo Ministro de Fomento.

El conflicto terminará cuando se imponga la posición del canciller argentino Luis María Drago condenando el "cobro compulsivo de las deudas internacionales" y se ejecute la mediación solicitada al presidente norteamericano Theodor Roosevelt, quien anunciará el llamado "corolario a la doctrina Monroe" que será la base para la penetración de los intereses de su país en Venezuela.

La oposición al gobierno va en aumento y el régimen va definiendo cada vez más sus características dictatoriales. En 1907 todos los redactores del diario "Caín" son detenidos y enviados al Castillo de San Felipe en Puerto Cabello. Entre los presos está un joven de unos 18 años, natural de Valencia, llamado José Rafael Pocaterra, que después hará carrera como escritor y como preso político.

El régimen de Castro sigue, a trompicones, su marcha. En el camino, "el cabito", como le llamaban sus detractores, sufre una grave enfermedad renal que precisará de intervención quirúrgica para intentar superar. Se ve obligado a marchar a Europa para someterse a la operación. Se separa provisionalmente del poder y deja como encargado al vicepresidente, su compadre Juan Vicente Gómez. El 19 de diciembre de 1908, éste desconoce la autoridad del presidente y asume el mando, primero en forma provisional y luego formalmente, como Presidente Constitucional.

Su lema será: "Unión, paz y trabajo". La expresión recoge atinadamente el clamor generalizado de los más diversos sectores del país por poner fin a las luchas intestinas y encaminarse por positivos senderos de prosperidad.

Pero muy pronto, no sólo Venezuela, sino el mundo entero, entrará en un torbellino de violenta y desorientada descomposición. El régimen gomecista, só-lidamente afincado en el apoyo económico que significa el inicio de la explotación petrolera gracias al nuevo sistema de concesiones otorgadas a empresas norteamericanas y angloholandesas, se siente fuerte y asume posiciones definidamente dictatoriales.

En 1910 estalla en México un movimiento contra el gobierno de Porfirio Díaz con el lema "Sufragio efectivo, no reelección", encabezado por el abogado Francisco I. Madero, que a poco será rebasado por los revolucionarios del norte, liderados por Pancho Villa, y los campesinos del sur, dirigidos por Emiliano Zapata. El movimiento político se transforma en revolución social. Será la Revolución Mexicana.

A poco, en 1914, en Europa, los diversos países que se habían juntado frente a las costas de Venezuela para protagonizar una violenta reclamación de deudas, se enfrentan entre ellos e inician lo que entonces se denominó la Gran Guerra.

Antes de que esa conflagración hubiese terminado, a inicios de 1917, estalla en uno de los principales países beligerantes, en la Rusia zarista, una insurrección militar que se transformará luego en una revolución política y social, Será la Revolución Comunista.

Al año siguiente se pone fin a la contienda bélica tras la entrada de los Estados Unidos en la misma e imponerse los planteamientos del presidente Harold Wilson, que se concretarán en la Paz de Versalles.

Venezuela va entrando lentamente en un nuevo dinamismo a pesar del régimen dictatorial que se hace cada vez más omnipresente. La ciudad de Valencia parece haber ido desarrollando un espíritu propio, ajeno al régimen, que la impulsa a buscar otros horizontes, a crear su atmósfera particular. Comienza a dar señales de un incipiente cosmopolitismo. Tiene dos ferrocarriles: el Gran Ferrocarril Alemán, con su elegante estación a orillas del río Cabriales, que la une a Caracas; y el Ferrocarril Inglés que, pasa por el balneario de El Palito y se extiende hasta Puerto Cabello, abierto al comercio exterior. Y para la comunicación urbana ahora cuenta también con tranvía eléctrico, dos líneas que cruzan la ciudad, de norte a sur, de este a oeste: una va desde Camoruco, frente a la estación inglesa, hasta El Palotal en el sur; la otra va desde El Morro y se extiende por la Calle Real, que ahora se llama Colombia, hasta la esquina de La Estrella, donde gira a la derecha hasta llegar por las inmediaciones de la Caja de Agua.

Frente a la Plaza Bolívar, centro de la ciudad, se instala, a un costado, la Óptica Alemana de Kurt Feltner y la pastelería del español Manuel Vilariños con su salón de helados, en tanto que al otro lado se abre el Hotel Alemán y el Club Centro de Amigos.

Y se llega así a los años veinte. Resurgen las ilusiones, las esperanzas, las fantasías. Y las locuras, los absurdos, el empeñarse en hacer lo que no se hacía antes porque no se permitía o porque no se tenía edad para hacerlo y porque después ya será tarde.

El apellido **Grooscors** va entrando en rápida circulación. Y ya se le toma como un identificador venezolano más, uno de tantos, sin indagar su origen: Grooscors Páez, Páez Grooscors, Rivero Grooscors, Bolaños Grooscors.

En esos alegres e ilusorios años veinte, los hijos de Julio Grooscors Páez, estaban, precisamente, en sus veinte años. Enrique, Julio, Nicanor, eran tres veinteañeros abordando esos impredecibles años veinte con todo el vigor y el entusiasmo de la edad y del momento.

Estaban de retorno a Valencia tras haber cumplido en Caracas una corta pero provechosa pasantía por el ya célebre Colegio Santa María, que regentaba el reputado licenciado Agustín Aveledo. Venían provistos de una sólida formación, moral y religiosa, sí, pero especialmente matemática y conductual.

Las nuevas modas atraían y se imponían. La música y los bailes que resonaban en los fonógrafos de entonces: el charleston, el foxtrot, que venían de los Estados Unidos; el tango que hacía furor en París; los cuplés y los chotís de esa más cercana España.

Tras las fiestas y las aventuras, vendrán también los compromisos y el empeño por iniciar una nueva vida. **Enrique,** el mayor, formalizará pronto, en 1920, su matrimonio con su prima María Teresa Páez Tello y se trasladarán a Caracas, donde en julio del año siguiente nace su primer hijo, que bautizarán con el nombre de

Enrique.

Otros intereses, sin embargo, conmoverán por entonces el inquieto espíritu del joven recién casado: la fiebre de los toros, la tauromaquia, las corridas en los ruedos. Novilleros brillantes aparecerán en Caracas y se presentarán en soleadas tardes dominicales en el coso del Nuevo Circo, apenas inaugurado en 1919, en la céntrica esquina de San Martín, cerca del barrio de San Agustín. Allí se presenta, con éxito singular, aquel deslumbrante Eleazar Sananes, a quien llamaban "Rubito" por el color de su pelo, antes de ir a Lima donde da el paso inicial que culminará en Madrid, el 17 de mayo de 1922, donde participa en la Corrida de la Beneficencia y alterna con el consagrado Manuel Lalanda y recibe las insignias de Matador.

—¡Yo quiero ser torero...! —dice o canta Enrique.

Y, ni corto ni perezoso, decide emprender un viaje a México, donde también bulle la fiebre de los toros. Logra entusiasmar a un buen amigo valenciano, también aficionado, Manuel Zabaleta, y ambos abordan en La Guaira el buque "Cristina", que toca en San Juan de Puerto Rico el 23 de mayo de 1923 y a poco sigue hacia el puerto de Tampico, en el Golfo de México.

Pero se equivocaban los jóvenes aventureros. Al desembarcar se dieron cuenta de que "la Magdalena no estaba para tafetanes". En México se vivía una fiebre, sí, pero de Revolución. Zabaleta se vinculó a uno de los grupos revolucionarios, el liderizado por Emilio Portes Gil, entró a trabajar en la Refinería de petróleo controlada entonces por los ingleses, y resolvió olvidarse de los toros y quedarse en Tampico. Y a Enrique no le quedó más remedio que liar sus bártulos y tomar otro barco de regreso a La Guaira. Pasa a Caracas, se reencuentra con María Teresa y con su pequeño hijo Enrique vuelve a Valencia.

El segundo de los Grooscors Campo, **Julio**, con igual espíritu soñador, pero más asentados ideales, decide emprender la aventura romántica. Y es así cómo, hacia fines de 1924, contrae matrimonio con Isabel Teresa Caballero Uzcátegui, hija del doctor Francisco Caballero Pérez, Magistrado de la Corte de Justicia del Estado Carabobo, y de doña Emilia Uzcátegui, natural del Estado Mérida.

Era diversa la presencia de la familia Caballero en la ciudad. El mayor de los hijos del matrimonio, Francisco Esteban, era ya un destacado violinista, tocaba en las misas solemnes de la Catedral, pero también actuaba, junto al pianista Rafael Romero, en el Cine Mundial para dar respaldo a las presentaciones cinematográficas de entonces, que aún eran sin sonido.

Una hermana de Isabel Teresa ya se había casado con Francisco Feo La Cruz y ya en agosto de 1920 había tenido un hijo, Oswaldo. Oswaldo Feo Caballero.

Julio e Isabel se embarcan en La Guaira para iniciar su viaje de bodas. Van a España, visitan Madrid, recorren toda Andalucía, van a los tablaos, a las corridas de toros, a los teatros de variedades, revistas y zarzuelas, a los mesones y ventas, cantan, bailan, disfrutan a plenitud la alegre vida española. Y deciden seguir. Viajan a Italia. Y se entusiasman con Nápoles, Verona y con Venecia, pasean en góndola, van a la Ópera en Milán. Y sigue la fiesta. Porque luego deciden ir a Francia y se ubicarán en el París monumental, donde les sorprenderá el nacimiento del primer hijo, al que bautizarán Guido Leonardo en recuerdo de la feliz estancia en Italia.

Y es así cómo Julio e Isabel regresan a La Guaira tras haber cumplido un viaje que fue de boda, nacimiento y bautizo. Y retornan a Valencia.

Esos años veinte, insistimos, tienen múltiples caras, sin duda, en todo el mundo, pero particularmente en esa Valencia que puja por dejar de ser una simple ciudad de provincia. La vida intelectual es intensa. Aparecen y desaparecen numerosos periódicos y revistas. En 1921 se edita una revista quincenal ilustrada que se titulará "La Infantina", cuyo director-administrador será el joven Rafael Saturno Guerra, que muchos años más tarde será Cronista de la Ciudad, y curo Redactor será Julio Rivero Grooscors. Un hermano de éste, Luis Eduardo, destaca entonces como un poeta extraordinario, de tendencia intimista y proyección mística. Tempranamente, en octubre de 1924, muere, víctima de la tuberculosis.

El tercero de los Grooscors Campo, Nicanor, se casa con una prima, Josefina Bolaños Grooscors. Y se inicia así otra rama familiar, los Grooscors Bolaños que se corta abruptamente cuando Nicanor Grooscors

Campo muere en forma accidental durante una cacería de venados en los cerros de El Naipe, al norte del Estado Cojedes, en la que participaba con sus hermanos Enrique y Julio.

La nueva rama Grooscors Páez sigue: después de Enrique. Vendrán María Matilde y luego Wladimiro.

Y lo mismo los Grooscors Caballero: tras el primogénito Guido Leonardo, viene Gladys Emilia, que nace en octubre de 1926, Julio Segundo en noviembre de 1927, Rolando Enrique en junio de 1929, Rafael de Jesús en agosto de 1930, Nicanor Augusto en 1931, quien morirá siendo muy niño.

Asimismo, los Grooscors Bolaños irán creciendo: en 1928 nace Nicanor, en 1929 Pablo Enrique y en 1930 Alicia.

Los sorprendentes años veinte cierran en Venezuela con un hecho singular. En 1928 los estudiantes de la Universidad de Caracas deciden celebrar los Carnavales con una Semana, del 6 al 12 de febrero, en la que se proponen coronar a una Reina, Beatriz I, y desarrollar una serie de actividades culturales cuya finalidad sería recaudar fondos para una residencia estudiantil que llevaría el nombre de Andrés Bello.

La semana se inicia con un acto frente al Panteón Nacional en el que Jóvito Villalba, a nombre de la Federación de Estudiantes de Venezuela, pronuncia un vibrante discurso sobre Simón Bolívar. Esa misma tarde, se celebra en el Teatro Municipal el acto de coronación de Beatriz I con la participación de los poetas Jacinto Fombona Pachano y el joven Pío Tamayo, recién regresado de un corto exilio. Al día siguiente hay otro recital poético, en el Teatro Rívoli, cuyas palabras de clausura corresponden a otro dirigente estudiantil, Rómulo Betancourt.

Todo cambia en unos días cuando la policía detiene a los diversos oradores, no se sabe por qué, y todos los integrantes de la FEV deciden entregarse voluntariamente en solidaridad con sus compañeros. Es el gesto inicial y será luego la represión y de inmediato el intento de rebelión en abril con el asalto al cuartel San Carlos en Caracas.

El mundo todo caerá luego en el torbellino de la crisis financiera de 1929, que acaba con todo, con la fiesta y con las ilusiones, con los gestos y con los golpes de audacia, para caer en el confuso tremedal de los años treinta, el fascismo en Italia, el nazismo en Alemania, el estalinismo en Rusia, la desorientación aquí y allá.

Pese a ello, esos años treinta, al final, serán para Venezuela el tiempo del resurgimiento, de la vuelta a la vida, de la recuperación de todo cuanto se había perdido.

En diciembre de 1935 muere en su casa en Maracay el dictador Juan Vicente Gómez y una nueva época empieza.

En Valencia aparece una Junta Patriótica que se propone movilizar a la ciudadanía local, encabezada por

Julio Grooscors Campo, quien para entonces era un conocido y activo comerciante, representante de las principales casas mercantiles de Caracas. Su primer objetivo será detener al presidente del Estado Carabobo, Santos Matute Gómez, primo del dictador, que ha iniciado su huida hacia Puerto Cabello. No lo logra. El fugitivo toma un barco y llega a Curazao con baúles llenos de monedas de oro que finalmente llevará a Costa Rica.

Pero Julio Grooscors se convierte, al nivel regional, en el líder del movimiento popular destinado a recuperar la democracia. En febrero de 1936 comenzará a publicarse en Valencia, bajo su dirección, un semanario de intenso contenido político que se llamará "El Pueblo Encadenado" y se erigirá como la más franca tribuna de la opinión nacional del momento, con franca orientación hacia "la izquierda".

El nuevo gobierno, encabezado por el general Eleazar López Contreras, reacciona frente a estos primeros movimientos de organización política, los ilegaliza, y sus principales dirigentes serán detenidos y enviados prisioneros al Castillo Libertador en Puerto Cabello. Entre los prisioneros estará Julio Grooscors.

López Contreras cambiará varias veces la orientación de su gobierno. Cediendo a la presión de la opinión pública, se distanciará del gomecismo e iniciará un proceso de transición hacia la democracia. Los presos serán liberados y retornarán los exiliados. Julio Grooscors, liberado, se incorporará a los esfuerzos por crear un nuevo movimiento, el Partido Democrático Nacional, encabezado por Rómulo Betancourt entre otros, que desarrolla en la clandestinidad un proceso de "deslinde" con otros sectores, que culminará en 1941 cuando sea legalizado con el nombre de Acción Democrática.

Esa segunda mitad de los treinta y los subsiguientes años cuarenta serán de intensa significación política en Venezuela.

Como expresión de esos movimientos, aparecerán en Venezuela numerosos órganos de opinión con las más variadas inquietudes y distinta orientación. En Valencia serán numerosos los periódicos y revistas que iniciarán su publicación en 1940. Una revista, "Guacamaya" aparecerá bajo la dirección de dos jóvenes poetas y escritores: Luis Guevara y Enrique Grooscors, hijo.

Ese mismo año Enrique Grooscors hijo publica un libro de poesías: "Galerías del querer y del hastío" y poco tiempo después, en 1943, se dará a conocer como autor dramático con tres obras, "Adán", "La Tierra es Dios" y "Silencio", que se montarán el Teatro Municipal de Valencia.

Por esos años empezará a aparecer en los medios impresos el nombre de quien esto escribe: **Julio Segundo Grooscors**. Cursaba entonces los estudios secundarios en el Liceo Pedro Gual y ocupaba funciones directivas en la seccional regional de la Federación de Estudiantes de Venezuela y sus artículos se publican en los órganos estudiantiles y en los periódicos locales, "El Carabobeño" y "Aborigen" entre otros. Entre 1944 y 1945 amplía sus intereses, y publica varios ensayos con su firma en la revista cultural, "Clima", iniciada por quien fuera su profesor de literatura, Manuel Feo La Cruz para estimular la producción literaria. El primero fue sobre el poeta español Rafael Alberti, "un mar de angustias" como él lo definió. Luego fue un análisis de la obra del poeta venezolano Luis Enrique Mármol, "La Locura del Otro". Y más adelante un intento de interpretación de la filosofía de don Miguel de Unamuno.

Ya hacia fines de los cuarenta, en octubre de 1945, se producirá otro cambio en el rumbo político de Venezuela. El partido que encabeza Betancourt, AD, se une a un grupo de jóvenes militares y derroca al gobierno del presidente General Isaías Medina Angarita iniciando el movimiento que se conocerá con el nombre de Revolución de Octubre.

Julio Grooscors Campo asume la Secretaría General de gobierno del Estado Carabobo e inicia así su vinculación con la administración pública venezolana. Al año siguiente es electo Diputado a la Asamblea Nacional Constituyente y se traslada a Caracas para participar en las reuniones de este cuerpo, que culminarán con la proclamación de una nueva Constitución, la de 1947, que recoge profundos cambios en la organización del país, incluyendo la elección universal directa y secreta del Presidente de la República.

En febrero de 1948 asume la presidencia del país el ilustre escritor don Rómulo Gallegos, electo por el voto popular en los comicios efectuados a fines del año anterior. Julio Grooscors Campo es nombrado director del Instituto Nacional de Inmigración y Colonización (ITIC), que posteriormente se transformará en Instituto Agrario Nacional. Bajo la dirección de Grooscors se iniciará una definida política de inmigración, masiva y selectiva a la vez, que llevará en sus comienzos la incorporación al país de millares de europeos desplazados de la segunda Guerra Mundial concluida en el reciente año de 1945.

Otro Grooscors aparecerá en la administración pública de Venezuela: el hijo mayor de Julio Grooscors Campo, **Guido**, entonces estudiante de Derecho en la Universidad Central de Venezuela, es nombrado Secretario Privado del Presidente Gallegos.

Concluidos sus estudios secundarios, Julio Segundo se traslada a Caracas para iniciar en la Universidad Central estudios de Derecho y Periodismo. En el nuevo periódico que se edita en Valencia, "El Día", escribe un artículo diario para la página de opinión, y actúa como representante y corresponsal en Caracas. Al mismo tiempo, se publican artículos suyos en los diarios "El País" y "El Nacional" de Caracas.

Ese año de 1948 se registra un hecho importante en la vida familiar: Gladys Emilia contrae matrimonio con Eduardo Zárraga Seitiffe, también de Valencia, personaje de la radio y luego de la televisión. El recién establecido presidente Rómulo Gallegos es quien lleva a Gladys ante el altar de la Iglesia para la ceremonia religiosa. Pronto vendrán los hijos, los **Zárraga Grooscors**: Eduardo, Beatriz, Celina.

Fueron apenas tres años de intensa actividad política que concluyeron en noviembre de 1948 cuando se produjo un Golpe militar derrocando al presidente Gallegos y tronchando el experimento democrático que apenas había dado sus primeros pasos.

Se inicia otra etapa en la accidentada vida política de Venezuela. En el país se instaura un régimen dominado por los militares, que rápidamente involuciona hacia la dictadura personal de Marcos Pérez Jiménez. Y millares de venezolanos son lanzados al exilio. Entre esos millares estarán **los Grooscors**: Julio Grooscors Campo y su fiel esposa Isabel saldrán primero a La Habana y luego a México, llevándose a su hijo menor, Rafael. Luego Guido será expulsado a Colombia y más tarde se trasladará también a México. Rolando y Julio Segundo, que se habían quedado en Venezuela, son finalmente detenidos y expulsados a Panamá y se trasladan luego a México.

Tras haber viajado en autobús por buena parte de México, **los Grooscors** deciden cambiar de ubicación a comienzos de 1951. Julio e Isabel, con Julio Segundo y Rolando, se trasladan a Tampico, en el Golfo de México. Guido se va a Chile para intentar continuar sus estudios universitarios y Rafael, con un pasaporte mexicano, regresa a Venezuela en un barco que sale de

Veracruz. Será prontamente identificado y detenido para ser posteriormente expulsado, incorporándose al grupo familiar en Tampico.

Rolando viaja ese mismo año a Costa Rica para completar sus interrumpidos estudios de bachillerato, y, en diciembre, Julio Grooscors e Isabel, con Rafael y Julio Segundo, se trasladan también a Costa Rica a donde más adelante llegará Guido, para quedarse allí todos, hasta comienzos de 1958, cuando es derrocado Pérez Jiménez y se inicia de nuevo la vida democrática en Venezuela.

El exilio es época de desarrollar las más diversas actividades: continuar estudios, intentar trabajar para subsistir, aplicarse a nuevas y fascinantes aficiones.

Julio Grooscors Campo se transformará en un descollante pescador aficionado en Tampico, México, en la laguna El Chairel. En su anzuelo cae un catán, rara especie con cabeza y dentadura de caimán, y un enorme robalo de gran peso que recibe un premio de la revista internacional Field & Stream.

Y con esa afición como principal dinamizador de sus energías actuará en Costa Rica como Secretario del Club Amateur de Pesca, organizador de los Torneos Nacionales de la Pesca del Sábalo, que se desarrollan en los ríos de la vertiente atlántica y fundador del Costa Rica Yacht Club, en Puntarenas.

Los jóvenes Grooscors, por su parte, no sólo continuarán en Costa Rica sus interrumpidos estudios, sino que iniciarán nuevas actividades en muy diversas áreas.

Guido funda una Agencia de Publicidad, Publicidad Norte, que dejará huella en el país, proporcionando trabajo a otros exiliados, como Armando Freites y el compositor Guillermo Castillo Bustamante, entre otros. Julio Segundo, tras trabajar como locutor en la emisora Radio Cristal, se desempeña como profesor de educación secundaria en el novel Liceo Vargas Calvo. Rolando también es profesor en ese mismo Liceo y en el Colegio Metodista y luego es designado secretario de la Gerencia en el recién creado Instituto Nacional de la Vivienda. Y Rafael actúa como locutor en diversas emisoras nacionales, como Radio Columbia y Radio City y dirige el Departamento de Radio de Publicidad Norte.

El tiempo pasa. Y con el tiempo, llega el momento en que se amplía el proceso de "la multiplicación de los Grooscors". De aquel tronco desarrollado en Venezuela sobre las raíces llegadas de Alemania empezarán a brotar los nuevos retoños que propagarán el apellido por los más diversos países del continente americano.

Estando en Chile, Guido formaliza su matrimonio con su novia de juventud, Gisela Villapol Valery, que viaja desde Caracas para reunirse con él y se trasladan a Buenos Aires, Argentina, donde nacerá su primera hija, Diana.

Y de allí se trasladan a Costa Rica donde ya está, desde fines de 1951, el núcleo familiar. Y en Costa Rica, en el exilio, nacerán los otros hijos de Guido: Gonzalo, Gabriela de Lourdes y unos años más tarde, cuando vuelva como Embajador, Gisela.

Y empieza el juego de los atributos jurídicos: el jus soli compitiendo con el jus sanguinis, las nacionalidades por nacimiento y las nacionalidades por adopción, las opciones, los requerimientos legales.

Rolando será el primero en casarse en Costa Rica. Lo hará con una hija de Alejandro Oropeza Castillo, también exiliado: Julieta Oropeza González. En Costa Rica nacerán Patricia, Alejandro y Carolina. Y cuando regresen a Caracas nacerá Rolando Andrés. (Después Rolando y Julieta se divorcian; Rolando se casa en segundas nupcias con Carmen Díaz Cuéllar y vuelve a Costa Rica como Embajador y allí nacen sus gemelos, Daniel y Leonardo.

Sigue luego Rafael, que se casa inicialmente con una exiliada venezolana, Rosa García Lozada. Adoptarán, ya en Venezuela, un hijo, Luis Alfonso. (Disuelto el matrimonio por divorcio, Rafael volverá a casarse, con Brígida Useche, y vendrás dos hijos: Isabel Cristina y Rafael Enrique).

CAPÍTULO VIII

*La multiplicación de
los Grooscors*

En enero de 1958 se produce la caída de Marcos Pérez Jiménez y el fin de su dictadura. Consecuentemente, es también el fin del exilio. Los venezolanos exiliados en los más diversos países del mundo llegan en oleadas de regreso a Venezuela. Desde Costa Rica, junto a centenares de compatriotas, viajan los Grooscors, dejando atrás sus casas y sus ocupaciones.

Ese regreso a Venezuela, no sólo para retornar al lar familiar, sino especialmente para incorporarse a todo cuanto significará la construcción de la democracia en el país, se traducirá en una auténtica multiplicación de los Grooscors. El proceso de tal multiplicación en el área que podríamos llamar biológica o demográfica ya había comenzado en el exilio costarricense, como se ha señalado antes. Pero ahora se trata más bien de la multiplicación de la presencia de los Grooscors en los más diversos aspectos de la vida del país.

Julio Grooscors Campo se incorpora a las actividades del partido Acción Democrática y en asocio con un grupo de amigos colaboradores participa en la creación de una empresa, la Editorial Cordillera, cuya misión será el establecimiento de medios de comunicación impresos destinados a promover y fortalecer el clima de opinión necesario para el desarrollo de la democracia en el país. Logrado el respaldo financiero requerido aparece muy pronto un diario, "La República", dirigido por Luis Esteban Rey, y una revista mensual, con trabajos de fondo, "Política", bajo la dirección del doctor Luis Beltrán Prieto Figueroa.

Por esos mismos días, aparecerá una revista semanal, "Época", de análisis de la actualidad, dirigida inicialmente por Tulio Cardozo Farías y cuyo Jefe de Redacción será Julio Segundo Grooscors.

Posteriormente la revista es adquirida por la Editorial Cordillera, que completa así el esquema de publicaciones de información, análisis y estudios que se había propuesto. En esa nueva etapa, Julio Segundo Grooscors pasa a dirigir la revista.

Paralelamente, **Guido Grooscors** se incorpora a la actividad pública. Actúa primero como Director de Relaciones Públicas del Ministerio de Justicia y pronto pasa a ser nombrado Director General del Ministerio de Relaciones Interiores. A poco se le nombra Embajador de Venezuela en Costa Rica. Será el inicio de una larga carrera diplomática: Embajador dos veces en Costa Rica, también dos veces en República Dominicana, en México, en Colombia, en la República Argentina, en Ecuador, así como Representante ante la Organización de Estados Americanos en Washington. Ocupará también la dirección de la Oficina Central de Información y, posteriormente, Ministro de Estado para la Información.

Entre el desempeño de unas y otras misiones públicas y diplomáticas, Guido incursiona en la actividad privada, siempre en el área de la comunicación. Inicialmente trabaja en una acreditada Agencia de Publicidad y a poco se le encarga la creación de la Oficina Central de Información del Estado, cuya dirección asume. Posteriormente crea una empresa de asesoramiento en comunicación corporativa, Asesorac, y promueve una revista de temas de comunicación social, "Órbita".

Julio Segundo Grooscors, además de su ya señalada

participación en la revista Época, desarrolla una febril actividad periodística que comparte con las relaciones públicas. Escribe artículos para el nuevo diario La República, pero también para El Mundo, La Esfera y La Tarde y ocupa en diversos períodos la dirección de Información de Cordiplan, de Relaciones Públicas de la Línea Aeropostal Venezolana, la Corporación Venezolana de Fomento (CVF), y de la Corporación Andina de Fomento (CAF). Además, asumirá funciones de dirección en las organizaciones gremiales de periodistas y relacionistas públicos, que le llevarán a ser secretario general de la Asociación Venezolana de Periodistas y presidente de la Asociación de Relaciones Públicas de Venezuela. Formará parte del grupo fundador del Colegio de Periodistas de Venezuela y ejercerá por varios años la Secretaría General de la Federación Interamericana de Relaciones Públicas.

Rolando Grooscors se desempeñará como Administrador de los programas de Vivienda del Banco Obrero, en los que aplica la experiencia adquirida en Costa Rica donde había actuado como secretario de la Gerencia del Instituto Nacional de Vivienda y Urbanismo (INVU). Después se traslada por algún tiempo a Bolivia, contratado por la organización de Asistencia Financiera de los Estados Unidos para el Desarrollo, para asesorar programas locales de desarrollo de la comunidad.   De vuelta a Venezuela es nombrado presidente de la recién creada Fundación para el Desarrollo de la Comunidad y Fomento Municipal (FUNDA-COMUN) e incursiona en la enseñanza universitaria dirigiendo unos seminarios en una Universidad de Barquisimeto. Posteriormente es nombrado Embajador de Venezuela en Costa Rica.

Rafael Grooscors desarrollará una activa participación partidista en Acción Democrática, especialmente en el Estado Táchira. Será diputado en la Asamblea Legislativa del Estado, donde había establecido su residencia y emitía un programa, "Pulso de América", en la radio local, dando continuidad al que, con ese mismo nombre, producía en una emisora costarricense que se escuchaba en el occidente de Venezuela. De regreso a Caracas, ocupa la Secretaría de la Presidencia del Instituto Agrario Nacional, entidad encargada de desarrollar la Reforma Agraria en el país. Posteriormente se desempeñó como Secretario General del Comité Ejecutivo Seccional del Estado Táchira y fue electo Diputado al Congreso Nacional por ese mismo Estado, como suplente de Carlos Andrés Pérez. Después será Cónsul en Bogotá y se desempeñará como diplomático en Madrid y en Lima. Y en el terreno privado se dedicará a la Publicidad, creando la Agencia "Clave", de larga e intensa duración.

Enrique Grooscors (hijo) continuará en Valencia publicando diversos trabajos de investigación histórica: "A la sombra del Maestro" en 1965, "Sanz, el Disipador de Tinieblas" en 1967, "Pasión y acontecer de la instrucción en Carabobo" en 1968 y "Miguel Peña, grandeza y sombras de una voluntad creadora" en 1969. Y aquí se troncha violentamente su carrera al ser atropellado por un vehículo a las puertas de su casa, que le causó la pérdida de importantes funciones cerebrales y le condujo a la muerte tras varios años de permanecer en silla de ruedas.

Julio Grooscors Campo asumiría un rol protagónico en otra área en esos años sesenta. Estando en funciones como Cónsul General de Venezuela en Bilbao, aprovechando sus días de vacaciones, emprendió un fabuloso Safari en la región de Zambia, en el África ecuatorial, en compañía de don Juan Arregui, industrial de la ciudad de Vitoria, en septiembre de 1968. Al año siguiente, Grooscors editó en Barcelona un libro de 156 páginas, con ilustraciones, **"Safari en Zambia"**, que narra con lujo de detalles aquella aventura de veinte días en la que tres cazadores (Juan y Bernardo Arregui Garay y Julio Grooscors) cobraron un total de setenta piezas, incluyendo cebras, elefantes, waterbuck, eland, pukus, gran kudú, hipopótamos, búfalos, leones, cocodrilos, rinocerontes y otros.

La sorprendente y multifacética vida de Julio Grooscors Campo llegará a su fin el 30 de agosto de 1975 cuando naufraga, poco antes de llegar a La Guaira, por el fuerte oleaje, la lancha en la que venía de regreso de una excursión de pesca de pez vela. Al voltearse la lancha, el motor fuera de borda le golpea la cabeza, cae al mar y muere ahogado.

Yo, por mi parte, seguí otros rumbos en este veloz proceso que hemos llamado "la multiplicación de los Grooscors", como lo he referido en un libro publicado en el 2009 , **"El Mundo es una Babilonia"**: en septiembre de 1959 viajé a Costa Rica para contraer matrimonio con mi prometida costarricense, Leticia Antillón Sargent, a quien había conocido en la Publicidad Norte, donde ella hacía trabajos secretariales en el Departamento de Radio y yo llegaba habitualmente a última hora de la tarde para grabar un noticiero especial con información sobre la lucha contra el régimen de Pérez Jiménez, que se transmitía desde la finca de don Pepe Figueres y se escuchaba en Venezuela como si fuese una emisora clandestina. Nos residenciamos de inmediato en Caracas y allí nacieron todos nuestros hijos: Gloria Cristina, Adriana María, Julio Alberto y Juan Enrique.

Pero, además, me propuse hacerme presente en otros campos diferentes a los de la política y los medios de comunicación. Me involucré en los procesos de organización de las comunidades urbanas y la creación de asociaciones de residentes en las urbanizaciones de Caracas, llegando a ser presidente de la de Caurimare, donde residí por varios años. Ese proceso me llevó a relacionarme con un joven sacerdote de la Parroquia San Luis Gonzaga, a la que pertenecía esa urbanización en el área religiosa. Y esa relación me llevó a involucrarme en la vida de la Parroquia y a convertirme en un activo "laico comprometido" asumiendo cada vez más funciones. De allí pasé a ser el encargado de la información en la Asociación Nacional de Laicos y, más tarde, a ser propuesto por esta entidad como posible director del diario "La Religión", órgano de la Arquidiócesis.

Vuelto a Costa Rica en 1978, mientras mis hijos cumplían su proceso educativo, Leticia y yo actuamos como catequistas en el Colegio Calasanz, a la par que nos incorporábamos a diversas organizaciones católicas: la Asociación de Damas Salesianas y los Caballeros de Don Bosco.

De 1978 a 1982 fui Asesor de Comunicaciones del Presidente de Costa Rica, Rodrigo Carazo. Luego incursioné en la empresa privada, participando como directivo de una procesadora y envasadora de comidas, Terramar, para más tarde, entre 1984 y 1989, cumplir una experiencia diplomática en la Embajada de Venezuela en Costa Rica. En esos años 80, además, incursioné en otra área, la enseñanza universitaria. Ya antes, en la época del exilio, había actuado en la educación secundaria. Ahora me desempeñé como profesor universitario, primero en la Universidad de Costa Rica y luego en la Universidad Autónoma de Centro América (UACA), inicialmente en la carrera de Relaciones Públicas y luego en la de Relaciones Internacionales.

Entre 1990 y el 2002 estuve nuevamente en Caracas. Fui Oficial de Apoyo (subdirector) de la Oficina de la Secretaría General de la OEA en Caracas y, luego, socio de la empresa de relaciones públicas Enlace y más tarde Porter Novelli de Venezuela. De vuelta a Costa Rica reasumí, entre otras actividades, funciones de enseñanza universitaria en la UACA.

Entretanto, el proceso de multiplicación de los Grooscors se fue intensificando, en la medida en que los hijos de unos y otros iban contrayendo matrimonios y procreando descendencia. Haremos aquí un rápido resumen:

1. **Los Grooscors Páez**: María Matilde se casa con un comerciante de Valencia, Fermín Enrique Padilla. Tienen dos hijos, Gloria y Fermín Padilla Grooscors. Estos, a su vez y a su tiempo, se casarán y tendrán hijos: Los de Gloria son: María Inés, María Alejandra, María Gabriela y Maximiliano, de apellidos Latouche Padilla. Los de Fermín Enrique son: Jesús y Leonardo Enrique, ambos de apellido Padilla González. Ya, con esta generación, el apellido Grooscors comienza a desvanecerse.

2. A partir de **los Grooscors Caballero** encontramos:

2.1. Los hijos de Guido y Gisela Villapol Valery, los Grooscors Villapol:

Diana casa con Enrique González Urdaneta. Nacen los González Grooscors: María Alejandra, Luis Enrique, Adriana.

Gonzalo casa con Maúcha Álvarez. Nacen los Grooscors Álvarez: Gonzalo Armando y Gisela Eugenia.

Gabriela casa con Héctor Hurtado. Nacen los Hurtado Grooscors: Héctor Armando, Gabriela Isabel, Guido Alejandro y David.

Gisela casa con Miguel Ángel Sánchez Vega. Nacen los Sánchez Grooscors: José Antonio, Gisela

Carolina, Miguel Ángel y Juan Carlos.

En 1980 muere Gisela, víctima de un ACV, y Guido casa en segundas nupcias con Leonor Isabel Antillón Sargent. Adoptarán a un niño recién nacido, que será bautizado e inscrito en el Registro Civil de Costa Rica con el nombre de Diego Grooscors Antillón.

2.2. Los hijos de Gladys y Eduardo Zárraga Seytife, es decir, los Zárraga Grooscors, como ya se ha referido, son Eduardo, Beatriz y Celina. Estos contraerán matrimonio y vendrán los hijos, que no llevarán el apellido Grooscors en su identificación.

2.3. Los hijos de Julio Segundo y Leticia, los Grooscors Antillón:

Gloria Cristina casa con Leonardo Acuña. Nacen Fiorella, Cristina y Daniel Acuña Grooscors y, por divorcio y matrimonio posterior con Esteban Penrod nace Karl Penrod Grooscors. Fiorella se casa y tiene dos hijos, Mathías y Pietro, que, como empieza a pasar con la descendencia por línea materna de esa nueva generación, no incluye el Grooscors en su identificación registral.

Adriana casa con José Antonio Pérez y nace Adrián Pérez Grooscors.

Juan Enrique casa con Imara Corrales y nacen Juan Diego y Mía Grooscors Corrales.

Julio Alberto casa con Raquel Lindenbaum y nace Julio Elías Grooscors Lindenbaum.

2.4. Los hijos de Rolando y Julieta Oropeza González, los Grooscors Oropeza: Patricia, Alejandro
Rafael, Carolina y Rolando Andrés. Todos se casarán y vendrán los hijos y los nietos. Los hijos
seguirán mostrando su apellido Grooscors, de
primero o de segundo. Los nietos algunos,
según el caso. Veamos:

Los hijos de Patricia, de sus dos matrimo-
nios, con dos bolivianos (Waldo Lizón Taboada y
Luis Fernando Sánchez Flores), son: Gabriel Esén
Lizón Grooscors y Beatriz Patricia y Andrés Ale-
jandro Sánchez Grooscors. Los hijos de Gabriél
Esén ya no se identificarán como Grooscors. Son
Ignacio Gabriel y Camila Victoria, de apellidos
Lizón Tejerina.

Pero los hijos de Beatriz Patricia, nacidos en
Brasil, donde se aplica otra legislación que hace
que en el Registro se coloque primero el apellido
de la madre, se identificarán como Grooscors:
Julia Grooscors Loreto y Emiliana Grooscors Tei-
xeira.

El hijo de Andrés, finalmente, no se apellida
Grooscors: Fernando Gabriel Sánchez Yonamine.

Alejandro Rafael, por su parte, ha estado residiendo en Canadá. Allí ha contraído matrimonio dos veces, primero con Celine Drolet y después con Diane Dumas. Tiene una hija: Amelie
Grooscors Drolet y un hijo: Sasha Jay Grooscors
Dumas. Y éste tiene una hija: London Grooscors
Camille.

Carolina, que vive en Boston, casada con un norteamericano, Richard Arnold, tiene una hija: Gabriela Arnold Grooscors.

Finalmente Rolando Andrés, que vive en Miami, ha tenido dos matrimonios, el primero con Mariam Finol Urdaneta y el segundo con Hortencia Yari Gonzályz González. Tiene dos hijos: Daniela Beatriz Grooscors Finol y Santiago Andrés Grooscors González. La primera, a su vez, tiene una hija, Emma Sophia, cuyo apellido es Loreto Grooscors.

Rolando se divorció de Julieta y se casó posteriormente con Carmen Díaz Cuéllar y de ese matrimonio nacieron en Costa Rica los gemelos Daniel y Leonardo Grooscors Díaz. Éstos se casaron, Daniel con Evelyn Rosa Salazar Álvarez y Leonardo con Irene Capitanio Sutera. Sus hijos son: Ana Daniela y Paola Isabel Grooscors Salazar, y Stefano y Maite Grooscors Capitanio.

2.5. Los hijos de Rafael son: Luis Alfonso Grooscors García del primer matrimonio, con Rosa García Losada y Rafael Enrique e Isabel Cristina del segundo matrimonio, con Brígida Useche Kislinger. Todos casados, éstos son sus hijos:

De Luis: Luis Alejandro Grooscors García;

De Isabel: Pau, Iago y Ana Isabel Daglio Grooscors

De Rafael: Sofía y Rafael Ignacio Grooscors Melchor

3. **Los Grooscors Bolaños** crecen en la siguiente forma:

3.1. Nicanor casa con Margot Bonaguro. Sus hijos son Edgard, Jorge y Raiza Grooscors Bonaguro.
Los hijos de Edgard son Isabel Alejandra, Verónica Sofía y Edgard Enrique Grooscors Maza.
Los hijos de Jorge sin María Karina, Andrea y Johanna Patricia Grooscors Matamoros

3.2. Pablo, casado con María Auxiliadora Pérez Arocha, murió sin dejar descendencia.

3.3. Alicia casó con Ernesto Enrique García Guevara. Sus hijos son: Ernesto Enrique, Nancy Josefina, Arturo José, María Isabel y Ana Beatriz García Grooscors.

CAPITULO IX

Balance, signo y proyección

A lo largo de estas páginas, hemos hecho un recorrido que no dudamos en calificar de "histórico". Hemos intentado mostrar el origen, evolución y desarrollo del apellido Grooscors, el antroponímico de una familia cada vez más extensa y de múltiple ubicación, que apareció por primera vez en Europa, en tierras que ahora se conocen como Alemania, en tiempos que la ciencia histórica denomina la Baja Edad Media, ya en trance de convertirse en la promisora Época Moderna.

Vimos cómo ha ido cambiando la manera de escribir tal palabra, que al principio fue sólo un adjetivo, descriptivo más que calificativo, para intentar identificar una persona, para poco a poco pasar a ser el denominador común de una familia, que no sólo tenía un mismo origen biológico, sino que vivía en un mismo lugar, incluso en una misma casa.

La **Granja Nº 3** de **Quernheim**, una pequeña aldea campesina ubicada en el Distrito de **Diepholz** en la **Baja Sajonia**, en el norte de Alemania, es, desde al menos el año 1189, el núcleo original de la familia, que se mantuvo, en la misma tierra y en la misma casa, y con los mismos oficios, sin rebasar los límites, hasta fines del siglo XVIII y comienzos del XIX, cuando dos miembros de esa familia, impulsados por el deseo de cambio, resolvieron aventurarse a trasladarse a la entonces lejana ciudad de **Bremen**.

El primero en iniciar la "histórica aventura" será, como hemos visto, **Johann Heinrich Grooscors Buck**, el octavo hijo de aquel visionario campesino que había definido la actual grafía del apellido. Transformado ya en industrial y asociado a una empresa fabril de Bremen, Johann Heinrich contrae matrimonio con **Hedwig Warnecken**, hija de su socio, y en Bremen nacerán sus hijos, el segundo de los cuales, **Hermann Heinrich** (1809), saldrá en barco hacia América y se establecerá en La Guaira, Venezuela, en 1835.

El segundo será su hermano mayor, **Gerhard Heinrich**, que se había ido inicialmente a la vecina población de **Lemforde**, donde había casado con Marie Margaretha Engel Hustedt, pero luego resuelve irse también a Bremen para buscar ubicación en las nacientes industrias. Allí nacerá en 1814 su quinto hijo, **Hermann Hinrich**, que en 1851 partirá hacia Baltimore, en los Estados Unidos, como hemos visto.

El salto a América de estos dos primos **Grooscors** de nombre casi idéntico. Hermann Heinrich y Hermann Hinrich, puede calificarse válidamente como una "aventura". Como un salto a lo apenas conocido. **Hermann Heinrich**, que después simplificó y castellanizó su nombre como **Henrique**, obviando el primer nombre, llegó en 1835 a una Venezuela que apenas estaba comenzando a vivir como país independiente, tras la larga y cruenta guerra de Independencia (1810-1821) y los confusos años de la Gran Colombia (1821-1830). El primo, **Hermann Hinrich**, que resolvió luego identificarse simplemente como **Herman Grooscors**, llegó en 1851 a un país que estaba saliendo de la terrible Guerra de Secesión y comenzaba apenas a consolidar su unión nacional y definir su futura expansión territorial. Y ambos se insertaron de inmediato en la vida local, emprendieron negocios y se casaron con mujeres del país e iniciaron familias de nacionalidad local, de Venezuela uno, de Estados Unidos el otro.

El proceso de desarrollo del apellido **Grooscors** en

América, como lo hemos definido, fue un "trasplante", entendiendo este término como una imagen, como una metáfora, que da una idea aproximada de lo que ha sido ese proceso. No es un "trasplante" en el sentido que lo ve la Botánica ni en el que lo entiende la Medicina, porque las raíces permanecen firmemente asidas a las tierras germánicas, a la aldea campesina, a la granja, a la casa, a Quernheim Nº 3. Y lo que se desarrolla en ese proceso es un árbol, sí, pero un árbol genealógico, en el que todo es agregado, incorporación, enriquecimiento, sin supresiones ni borrones.

Las leyes y las costumbres, la historia y la geografía, irán determinando la presencia y la ubicación del apellido en la identificación de cada una de las personas que se van incorporando al proceso de "multiplicación" de la familia. Aparecerá de manera explícita, unas veces como primer apellido, otras veces como segundo y esa ubicación registral se determinará generalmente por la línea paterna, pero también por la materna en el caso de los nacidos en Brasil, como hemos visto. Pero subsistirá implícita siempre detrás de los nuevos apellidos, con posibilidad de reaparecer con los cambios que se operen en las normas de Registro o con la apelación a usos ancestrales en algunos lugares.

Grooscors, por otra parte, es un "signo", una identificación, una denominación no sólo de origen, sino también de rumbo y de destino. Es, si se quiere, la constancia de una inmanencia con vocación de trascendencia, la expresión de la esencia que define la existencia, dicho sea todo esto en términos que rondan la Filosofía.

Eso explica la presencia de individuos de apellido Grooscors no sólo en muchos países distintos, sino en muchas actividades diferentes.

Al inicio, los Grooscors estaban sólo en Alemania, en la pequeña aldea de Quernheim. Y eran básicamente campesinos, granjeros, sembradores de trigo y hortalizas, criadores de cerdos y ganado. Participaron luego en la introducción de nuevos cultivos como la papa y el lino, transformado en hilados y tejidos. Y dieron el salto a la industria y al comercio.

Ya asentados en Valencia, en Venezuela, que será el nuevo centro de expansión del apellido, se irá ampliando la presencia de este en los más diversos países del continente americano y en los más disímiles quehaceres: el comercio, la literatura, la poesía, el periodismo, la política y el servicio público, la diplomacia, pero también la pesca deportiva, la cacería y diversos deportes como el volibol y el beisbol y, más tarde, la docencia y las nuevas profesiones, ingeniería industrial, ingeniería electrónica, comunicación social, relaciones públicas, relaciones humanas, relaciones internacionales, tanto en Caracas y diversas ciudades de Venezuela, como en Costa Rica, en Panamá, en México, en Brasil, en Estados Unidos y en España.

Y no sólo los **Grooscors** de primer apellido, sino también los que lo llevan como indicación del signo materno, que en el comienzo venezolano fueron los

Páez Grooscors, los Rivero Grooscors y los Bolaños Grooscors, pero que luego han ido multiplicándose también, como resultado de los sucesivos matrimonios.

En el siglo XIX, cuando comienza a registrarse la presencia de los Grooscors en Venezuela, hubo allí, primero, una sola persona con ese apellido, Henrique Grooscors Warnecken, el que había venido de Alemania. Pero ya para para fines del siglo encontramos, en Valencia, los primeros descendientes, los hijos, los nietos, los sobrinos, los que se identifican como Grooscors Martínez, Grooscors Páez, Grooscors Campo, Páez Grooscors, Rivero Grooscors, Bolaños Grooscors. El apellido se expande, más aún, echa nuevas raíces, se vincula sólidamente con otros "árboles" posiblemente también "trasplantados", iniciando un proceso que se repetirá y ampliará luego en ámbitos cada vez más diversos.

Iniciado el siglo XX, el apellido seguirá extendiéndose, primero en Valencia, en la medida en que se van creando nuevos núcleos familiares. Aparecen la nueva generación de **Grooscors Páez**, los **Grooscors Caballero** y los **Grooscors Bolaños**, nacidos casi todos en la década de los 20. Y paralelamente los **Rivero Salas** y los **Bolaños Scartton**, que ya no llevarán el apellido Grooscors en su identificación registral, pero que mantendrán vigente la vinculación de origen.

Y luego, a impulso de los cambios políticos en Venezuela, ocurrirá el salto a Caracas y de allí a otros países del continente. Papel protagónico tendrá la familia integrada por **Julio Grooscors Campo e Isabel Teresa Caballero** y sus cinco hijos, los **Grooscors Caballero.**

Como se ha indicado antes, en 1948, en Caracas, **Gladys Emilia** contrae matrimonio con **Eduardo Zárraga Seittyfe**, valenciano, para abrir paso a una nueva generación, que seguirá siendo valenciana.

A fines de ese mismo año se produce un golpe de estado en Venezuela. Y se inicia la persecución política que llevará a miles de venezolanos al exilio. Toda la familia **Grooscors Caballero**, excepto Gladys, ya casada, saldrá a otros países del continente. Y en el transcurso de los nueve años de ese peregrinar se iniciará el surgimiento de la nueva generación: los Grooscors Caballero irán contrayendo matrimonio para formar nuevas familias, todos con venezolanas, igualmente exiliadas, vinculándose así a otros grupos familiares, igualmente venezolanos: Villapol Valery, Oropeza, García Lozada; con la excepción de Julio Segundo, quien se casa en 1959, ya terminado el exilio y de vuelta a Venezuela, con una costarricense, Leticia, vinculándose a una familia costarricense: los **Antillón,** otro apellido europeo trasplantado a América, firmemente enraizado en Costa Rica.

La siguiente generación de Grooscors, los hijos y los nietos, seguirá ese paso. El cerrado círculo de matrimonios sólo entre venezolanos, incluso sólo entre valencianos, se abrirá y ahora encontramos Grooscors de primer y segundo apellido casados con costarricenses, mexicanos, bolivianos, norteamericanos, canadienses, españoles. Y residiendo en múltiples países no sólo del continente americano, sino también en Europa y no sabemos si en otras partes del mundo.

Es un proceso en expansión, que reta a la genealogía. Pero ese proceso no olvida los orígenes, las raíces.

En Alemania, en aquella pequeña aldea de la Baja Sajonia que sigue siendo Quernheim, se empieza a vivir un repunte de la presencia Grooscors en la vida de la comunidad.

Hasta muy avanzado el siglo XX la granja N° 3 de Quernheim siguió teniendo ocupantes que llevaban el apellido Grooscors. **Gustav Friedrich Wilheim Grooscors,** que había nacido allí en 1885, vivió varios años en otras localidades de la zona, como Lemforde y Arrenkamp, pero ya en 1923 resolvió reinstalarse en la granja, donde vivió hasta su muerte en 1974. Desde entonces la casa de la granja está desocupada pues los sucesivos herederos resolvieron quedarse viviendo en Arremkamp. Gustav Meyer Grooscors heredó la casa a su sobrino Hermann Meyer y este a su vez, la heredó a su hijo, Karl Heinz Meyer, conocido como Kale.

En la vecina población de Lemförde vive una mujer, **Adelheid Nijboer**, conocida como **Heidi**, que se ha convertido en la abanderada del rescate de la memoria histórica de Quernheim y de la genealogía del apellido Grooscors, a la que está firmemente ligada.

Adelheid nació en Diepholz, otra población de la

zona, el 18 de mayo de 1948. Lleva el apellido de su esposo, Einjo Nijboer, holandés, y tiene un hijo, Peter, nacido en 1979. Pero es descendiente directo de **Gerhard Friedrich Grooscors**, nacido en Quernheim, en la Granja Nº 3, el 19 de junio de 1808 y casado en segundas nupcias con Sophie Henriette **Meyer**.

Adelheid viene trabajando desde hace algunos años en investigaciones históricas sobre la zona y es coautora de un voluminoso libro sobre **Quernheim**, editado el año 2014 al cumplirse 825 años de lo que se considera la fundación de ese poblado. El libro, profusamente ilustrado, recoge amplísima información y fotografías de los más importantes personajes de la historia local, incluidos, desde luego, numerosos miembros de la familia Grooscors y de sus vecinos y relacionados. Actualmente prepara una nueva obra sobre el tema.

Ahora, ya avanzado el siglo XXI, la histórica casa de Quernheim Nº 3 va a tener de nuevo ocupantes que ostentan el apellido Grooscors: Florian, uno de los hijos de Kale, manifestó interés en reconstruir la casa y rehabilitar la granja. Y, más aún, tomar el nombre Grooscors, que está inscrito en el frontispicio de la casa, como identificación de la granja y, a partir de allí, como patronímico de sus habitantes, conforme a la legislación local.

La Historia, que no tiene fin, da vueltas y revueltas, va y viene, avanza y, si aparentemente retrocede, es para tomar impulso. El apellido **Grooscors** forma parte de esa Historia, aquí y allá. Sigue presente, sigue activo, con su pasado, pero, más aún, con todo lo que puede venir en ese futuro que apenas podemos vislumbrar.

ÍNDICE DE ILUSTRACIONES

llero con sus hijos.

- Capítulo VIII: 1. Fotos de familia Grooscors y descendientes.

- Capítulo IX: El autor frente a la casa Nº 3 de Quernhei.

AGRADECIMIENTO A MODO DE EPÍLOGO

La historia que acabamos de contar, tiene, a su vez, su propia historia, a la que nos referiremos brevemente ahora antes de poner punto final a este trabajo, para mostrar que en su ejecución ha sido necesario contar con mucha y muy valiosa colaboración que es justo agradecer y reconocer.

Todo comenzó cuando **mi hermano Rafael**, quien a su vez, según me dijo, acogía una sugerencia de algún político amigo, me propuso que escribiéramos en colaboración una especie de historia de "los Grooscors", que ya yo había insinuado en mi ensayo autobiográfico *"El Mundo es una Babilonia"*, editado el año 2009, en el que planteo una hipótesis sobre el probable origen europeo del primer Grooscors establecido en Venezuela y su ulterior desarrollo familiar.

Rafael escribió con entusiasmo un Primer Capítulo, titulado "Isabel", el nombre de nuestra madre, para relatar el amor de nuestros progenitores, en tanto yo producía un trabajo de tinte histórico situando el remoto origen de los Grooscors en el efervescente mundo carolingio, en plena Edad Media.

Decidí entonces seguir adelante, iniciando un proceso de búsqueda de información en Venezuela y en Europa. Pronto apareció un primer colaborador, mi sobrino **Alejandro Grooscors Oropeza**, que hizo contacto por *Internet* con una persona radicada en un pequeño pueblo de la *Baja Sajonia*, en Alemania, que estaba realizando un trabajo de investigación para la preparación de una obra sobre la historia de la región. Que, para nuestra sorpresa, incluía el nombre **Grooscors**. Se trataba de **Adelheid (Heidi) Nijboer**, descendiente de una rama Grooscors y acuciosa investigadora de la historia, con quien luego me relacioné por la misma vía y de quien he recibido un gran caudal de información sobre la ciudad alemana de Quernheim y la presencia cierta de los primeros Grooscors allí desde su fundación. Y el haber podido tener contacto personal con ella se lo debo a mi hijo **Julio Alberto**, quien en la primavera del 2016 nos llevó, a Leticia y a mí, a un viaje inolvidable por diversas regiones de Alemania, incluyendo Quernheim y Bremen, el valle del Rin, Aquisgrán y Colonia.

En Quernheim recibí uno de los escasos 300 ejemplares de la lujosa obra que se había editado un año antes con motivo de la celebración de los 800 años de la fundación de la ciudad, de la cual he extraído valiosa información histórica y muy buenos testimonios gráficos. Agradezco esto a **Adelheid y su hijo Peter**, así como a todos cuantos se identificaron como familiares y relacionados con los Grooscors, con quienes tuve oportunidad de reunirme en esa inolvidable ocasión.

A mi primo **Ernesto Enrique García Grooscors** debo agradecer la mucha y muy valiosa información proporcionada sobre nuestros familiares en Valencia, indagando en archivos y registros. Y a mis sobrinos **Diana y Gonzalo Grooscors Villapol**, así como a **Patricia Grooscors Oropeza**, su contribución con valiosos recuerdos fotográficos.

A mi hijo **Julio Alberto**. Ingeniero industrial de profesión, pero aficionado al dibujo y a la caricatura desde chiquito, le agradezco la interpretación gráfica del personaje familiar que ilustra la portada.

Y a mi hija **Adriana**, profesional de la comunicación, le agradezco su invaluable aporte en la revisión general de este trabajo y en la preparación del mismo para su publicación.

ACERCA DEL AUTOR

Julio Segundo Grooscors

Venezolano por nacimiento, costarricense por adopción, periodista graduado por la Universidad Central de Venezuela, licenciado en Derecho de la Universidad de Costa Rica, con estudios de Relaciones Públicas en la Universidad Autónoma de Centro América y una especialidad en Teología de la Universidad Católica Andrés Bello, de Caracas; el autor ha publicado numerosos artículos y ensayos en periódicos y revistas, sobre los más diversos temas, desde al análisis político y la incursión sociológica, hasta la especulación filosófica y la aventura poético-literaria.

LIBROS DE ESTE AUTOR

El Mundo Es Una Babilonia (2009)

Ensayo autobiográfico que recoge la intensa experiencia de una larga vida, mayormente desarrollada en Venezuela y Costa Rica e intenta ofrecerse como un testimonio de la concreción de un concepto: la vida es una tensión existencial.

El Derecho De La Comunicación Como Garantía De La Libertad (2013)

La obra recoge el texto íntegro de la tesis presentada ante la Facultad de Derecho de la Universidad de Costa Rica para optar al título de Licenciado en Derecho. Intenta señalar las bases para una fundamentación de un cuerpo jurídico especial que garantice el ejercicio del derecho a la comunicación, considerado como un derecho humano esencial.

Entre Flamencos Te Veas (Por Publicar)

La historia y la ficción se mezclan para ofrecer una visión de la coyuntura existencial de España y Flandes en el arranque de la Edad Moderna, cuando Carlos de Gante, más conocido como Carlos V, llega a ser al mismo tiempo Rey de España y Emperador de Alemania.

Made in the USA
Las Vegas, NV
19 November 2021